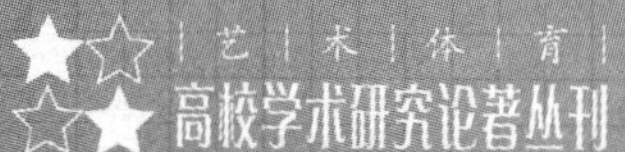

大学生体育人文素质的培养与发展研究

穆瑞杰 著

中国书籍出版社
China Book Press

图书在版编目 (CIP) 数据

大学生体育人文素质的培养与发展研究 / 穆瑞杰著 .
— 北京 : 中国书籍出版社 , 2019.11
ISBN 978-7-5068-7511-0

Ⅰ . ①大… Ⅱ . ①穆… Ⅲ . ①大学生 - 体育教育 - 人文素质教育 Ⅳ . ① G807.4

中国版本图书馆 CIP 数据核字 (2019) 第 250041 号

大学生体育人文素质的培养与发展研究

穆瑞杰 著

丛书策划 谭 鹏 武 斌
责任编辑 尹 浩
责任印制 孙马飞 马 芝
封面设计 东方美迪
出版发行 中国书籍出版社
地 址 北京市丰台区三路居路 97 号 (邮编：100073)
电 话 (010) 52257143 (总编室) (010) 52257140 (发行部)
电子邮箱 eo@chinabp.com.cn
经 销 全国新华书店
印 刷 三河市铭浩彩色印装有限公司
开 本 710 毫米 ×1000 毫米 1/16
印 张 12.25
字 数 159 千字
版 次 2020 年 7 月第 1 版 2020 年 7 月第 1 次印刷
书 号 ISBN 978-7-5068-7511-0
定 价 80.00 元

版权所有 翻印必究

目 录

第一章　人文素质教育的内涵与发展概述

人文素质是科学文化素质之外的一种素质，它涵盖个性特征、人际关系、道德素质等各个方面的内容。作为一名合格的大学生，除了应具备一定的文化素质外，还要注重人文素质的培养和提高。随着高校体育教育的不断发展，学生体育人文素质欠缺的弊端逐渐显现出来，这严重制约和影响着大学生的全面发展。因此，加强大学生的体育人文素质教育就显得势在必行。

第一节　人文素质教育的内涵与要求

一、人文素质教育的内涵

人文素质这个概念具有一定的争议性，而且比较模糊，广义上而言，人文素质是科学文化素质之外的一种素质，涵盖个性人格、人际关系、道德修养以及理想追求等广泛的内容，人文素质主要指人的涵养，特指做人的素质，与情绪、情感、欲望、人性等密切相关。

从文化内化角度而言，人文素质是社会中的人建立在人文科学知识之上，通过吸纳人类优秀文化、受人类优秀文化熏陶所反映出来的内在气质和精神风貌的综合体现。还有学者指出，人文素质是个人的内在品质，由多种因素组合而成，如知识、观念、情感、意志、能力等，主要从个人人格、气质、修养等方面体现出来。①

① 赵美林，武端理．高校人文素质教育现状研究[J].科技视界，2014(34)：81+79.

人的文化素养的养成是由内而外的，人文素质教育非常重视这一点，同时这种素质教育对自我心灵的成长也非常重视。人文素质教育使人对人生的意义有深刻的理解，并懂得给社会以人文关怀。

本质上来说，教育就是人的教育，正如雅斯贝尔斯所说："教育是人的灵魂的教育，而非理智知识和认识的堆积。"但这一点在现代教育中总是得不到重视，人的教育在教育体系中的现实地位远远不及知识、专业的教育。严格意义上来说，离开了人的教育就不是真正的教育，人的灵魂或精神都已经与教育脱离了。人文性才是教育的本质特征。

在高等教育中，人文素质教育居于基础性地位，非常重要。教师不仅要给学生传授知识，培养学生的社会适应性与相关能力，使学生掌握服务社会的重要方法，还要教学生如何做人，引导学生树立正确的人生观、价值观，促进学生人格的健全，使他们明确自己的社会角色和肩负的社会责任，在服务社会的过程中实现人生价值。

随着科技信息的发展，社会上不断涌现出新的职业，而且职业分工呈现出综合化趋势，对新兴人才一专多能的要求越来越高。同时人们的职业和岗位也频繁变动，社会的流动性越来越突出。这就要求劳动者具备良好的综合素质，传统人才培养模式也因此面临着艰巨的挑战。高等教育要出于对学生未来职业发展的考虑来落实，高校各专业的教育目标应向学生未来的职业生涯而逐步扩展，坚持在终身教育理念的指导下开展教育工作。在大学生职业能力培养过程中，不能只传授某个岗位的专业知识与技能，应重视对学生多种能力和综合素质的培养，打破传统上只重视专业知识和技能传授的人才培养模式，以免将学生培养成机械化的"工具职业者"。

总之，现代社会经济的发展、技术手段的变动以及劳动者的职业流动性都对高校人才培养提出了新的要求，以培养综合素质为主的人文素质教育在高校教育中应得到高度重视。

二、新媒体时代人文素质教育的要求

本质上来说，新媒体属于技术范畴，社会上对新媒体的运用非常广泛，而且达到了一定的规模，一种新生的社会环境在此基础上逐渐形成，这一环境给人文素质教育带来了一定的挑战，而且目前关于这方面应对策略的研究较少，现有的研究又不够细致与深入，常常局限于"保护性"媒介素养教育，将素质教育和新媒体看成相互对立的两个个体。在新形势下，高校人文素质教育既需要从转变观念和改革课程等方面充分发挥"育人"功能，又要将自身在言传身教、线下传播等方面的优势充分发挥出来，从而为现代社会的新媒体大环境提供健康引导。

具体而言，新媒体时代进行人文素质教育需要注意以下几个方面的要求。

（一）转变对新媒体的审视角度，做媒介素养教育的"实践者"

新媒体中包含大量的信息，这些信息更新特别快，大学生通过新媒体手段接收信息的同时，自己的观点与其他各种不同的观点会相互碰撞。新媒体信息具有个性化色彩，而且表现出来的价值取向也是多元化的，这都在很大程度上影响着大学生的思想和认识。新媒体时代与大学生互相承载，二者不可分割，这是我们必须承认的客观事实，新媒体对高校素质教育造成了一定的冲击，但是我们可以在中间发挥一定的引导作用。

（二）加强信息素质教育

人们使用各种工具来获取信息，然后将这些信息利用起来以解决现实问题的技术和技能就是信息素质。信息素质不仅体现在以传统媒介为对象的信息获取，其在新媒体时代还体现在遵循社会规范，使用新媒介（手机、计算机、软件等）获取信息并发生信息交互的能力。在信息时代的素质教育及各学科教育中，信息素质教育是基础，通过这一教育要使学生正确分析信息需要，并能有效搜集、甄别和利用海量信息。新媒体时代，硬件和软件的发展非常迅速，普及也很广，学生课外接触的信息远远超过课堂上接收的信息，大量的课外信息对学生的影响非常大，因此在高校教育中有必要加入信息素质教育，在教育中将自身的信息资源、人才储备等优势充分发挥出来，同时将现代信息技术融入信息素质教育中，以提高教育效果，有效培养与提高大学生的信息素质。

（三）树立正确的教育和受教育观念，适应“教学相长”的新环境

现在，手机、电脑等新媒体已经成为大学生日常生活中不可缺少的一部分，他们在某个领域的接触面甚至远远超过教师，而且某些方面的能力也可能优于老师，对此，教师不仅要做好传统教育工作，还要不断学习使用新媒体工具，从而帮助大学生解决学习与生活中遇到的问题，与大学生共同成长与进步。教师要学会运用新媒体与学生联系，从而实时掌握学生的思想、学习及生活情况，这有助于建立良好的师生关系。此外，教师还应通过新媒体来丰富自己的知识，清楚大学生对哪些话题更感兴趣，从而在教育过程中通过这些共同话题拉近与学生的距离，并融入人文素质教育，提高教育效果。

（四）适度使用新媒体，避免过度依赖

作为将硬件和软件融合在一起的新生事物，新媒体颇受大学生欢迎，大学生喜欢新鲜事物，也擅长学习新技术，他们对新媒体的兴趣非常浓厚。但大部分学生只是以碎片式的方式来了解和学习新媒体知识，不够系统。对此，高校应在人文素质教育体系中恰当融入新媒体相关课程，使大学生系统掌握新媒体知识。此外，高校还应重视校园文化建设，避免大学生沉溺于虚拟的网络世界，过分依赖新媒体工具来解决学习问题。最后，针对大学生开展新媒体道德与安全教育也非常重要。

第二节　高校人文素质教育的开展现状与对策

一、高校人文素质教育的开展现状

（一）强调专业教育，人文教育被忽视

科技的进步与发展给我们的生活带来了极大的便利，科技以其多功能的优势在人们生活的各个领域都非常受关注和青睐。在这一背景下，高校教育在市场的引导下开设大量的科技类课程，以取得一定的效益。高校重视专业技术教育，强调对大学生专业技能和实际应用能力的培养，人文教育被忽视，导致大学生的人文素质严重缺失。最后高等教育培养的“高素质”知识人才可能只会操作实践技能，而不懂得如何做人。

（二）科学人文素质课程虽已开设，但课程目标不明确，缺少精品课程

随着素质教育在全国的推广，素质教育的意义与重要性逐渐被高校领导认识到，因此高校在制定人才培养方案的过程中也适当开展了一些人文素质类课程。但专业课程在高校课程体系中依然占绝对的主导地位，人文素质教育课程所占比例非常少，而且是以选修课的形式开设，人文素质教育课程的学分在总学分中微不足道。而且因为开设的人文类课程非常少，各课程的选修人数又基本固定，导致能够选到自己感兴趣的人文课程的学生非常少。而且，人文类课程的开设具有较大的随意性，存在严重的“人走课停”的现象。而且没有明确的课程教学目标，精品课程更是寥寥无几。授课教师不注重课堂管理，期末考核也没有严格的要求和规范的标准，只是走个形式，难以真正培养大学生的人文素

质，人文素质教育的功能没有得到充分的发挥。

（三）大学生人文知识面窄，缺乏一定的人文底蕴

经过在高校的一番走访调查发现，现代大学生储备的知识主要是教师在专业课上讲授的专业知识，对于专业课之外的中外历史、文学、艺术学、社会学等知识了解得非常少；同时，一些大学生缺乏良好的语言表达能力与写作能力，不具备基本的文学底蕴与艺术修养，也缺乏一定的欣赏品位，对艺术作品、高雅音乐等不会欣赏，有的学生甚至不能规范地写一些常用材料，如申请书、调查报告、实习报告等，这都是大学生人文知识面窄，缺乏人文底蕴的表现。

（四）大学生人文素质低，不会“做人”

现在很多大学生都以自我为中心，不懂得理解与包容他人，容易和他人闹情绪，学习上缺乏上进心，没有明确的学习目标，普遍存在逃课、早退等问题。在做人方面，很多大学生的修养还不够，对他人不够尊重，文明礼貌意识差，缺乏公共道德意识，也不具备良好的心理素质，在分析和处理个人问题与社会问题上缺乏一定的能力，而且遇到困难会轻易放弃，对于自己的不良心理障碍不能很好地排遣和调适。这都是现代大学生缺乏人文素质的表现，这造成了大学生在现实生活中不会“做人”。

二、高校人文素质教育缺失的原因分析

在我国高校教育中，人文素质教育之所以没有得到高度的重视，主要与以下原因有关。

（一）对人文素质教育概念的误解导致高校人文素质教育的缺失

在高等教育中一直存在这样一个误解，即思想政治教育与人

文素质教育是等同的,尽管思想政治教育具有人文素质教育的某些作用,而且也发挥了这些作用,但必须搞清楚人文素质教育的范围更广,思想政治教育只是其中的一个重要组成部分,二者不能等同,不能将人文素质教育用思想政治教育来替代。思想政治教育是直接的教育,其政策性、时代性特征较为突出,而人文素质教育的内涵非常深厚,覆盖面更广泛,包括人文社会科学的各个领域(文、史、哲、经、艺等),基础性和非功利性特征较为突出。

此外,一些高校还误认为人文素质教育就是人文学科的教育。这就使人文素质教育的内容被缩减,教育本身就被误解了。人文学科教育包含在人文素质教育中,而且人文素质教育与人文学科教育相比,更注重与强调使人“成为人”的教育。人文素质教育强调对人的训练不应只是专业训练,而应是广博的训练,力求通过多方面的教育培养综合发展的人才,使人全面协调发展,成为真正的人,实现人的全面价值等才是人文素质教育的真正目的。

(二)高校教育中存在功利性因素导致高校人文素质教育缺失

“培养人”是教育的根本使命。但随着教育的不断发展,教育越来越倾向于专业化,以此来使大学生求职的需要得到满足。专业教育存在实用主义、功利主义思想,随着占主导的专业教育的不断发展,人文教育在高等教育中逐渐被忽略。

在现代高等院校的教育中,越来越倾向于更详细地划分学科,传授愈加专业化的知识,因此忽视了基础课的地位,人文素质教育的价值已经被专业知识、技术教育的价值所掩盖。大学生毕业后的就业率成为高校关注的焦点,而且在竞争激烈的社会环境下,企业对人才的需求也呈现出功利性取向,大学生的业务能力及技术水平成为企业招聘员工的主要指标,对于大学生的人文素养这一“隐性”素质,没有给予太多关注。因此,高校以企业的要求为导向而培养所谓的高级人才,过分强调专业知识和专业技能的传授,人文素质教育作为一种补充教育被认为可有可无。教育功利主义的倾向导致高校人文素质教育退居到专业教育之后,高等教育培养“全面发展的人”的目的逐渐被培养“专业技术人才”的教育目的所代替,高校人文素质教育难以持续、健康地发展下去。

三、高校加强人文素质教育的对策

人文素质教育同其他类型的教育一样,都是一个系统工程,单靠填补文化知识,是不能真正培养大学生的人文素养的。人文素质教育应重视人文文化的内在教育价值的发挥,对大学生人文素质的养成给予更多的关注。高校应从自身的具体情况出发加强人文素质教育,具体对策如下。

(一)树立人文教育观念

现代高等教育在人才培养方面,功利主义倾向非常明显,具体表现为过分强调就业率,重视传授专业知识与技能,甚至有高等教育就是“生存教育”的说法。相比之下,人文素质教育的受重视程度非常低。在科技迅猛发展的今天,各国综合国力的竞争以人为关键,社会经济的发展在很大程度上受国人人文素质的影响,虽然良好的人文素质不能给人带来立竿见影的实际效益,也不能满足人们迫切的功利需求,但人文素质是其他素质的基础与前提。在高等教育中,人文素质教育起着基础性作用,因此不能放在专业教育之后。高等院校要加强人文素质教育,必须先对人文素质教育的地位、重要性等有正确的理解与充分的认识,转变教育观念,树立人文教育理念,这是高校实施人文素质教育的前提。

随着高等教育的深入改革,高校应摒弃功利主义教育观,树立新的办学理念,重视人文素质教育,使之与科学教育有机融合,强调全面发展,促进学生综合素养的提升,进而促进高等教育目标顺利实现。

（二）优化专业课程设置

加强高校人文素质教育，需对专业课程设置进行优化。在高等院校实施人文素质教育，仅仅开设几门文科课程是不够的。虽然传授人文知识是人文素质教育的基础，但仅仅开设几门人文课程是难以有效促进大学生文化品位、审美情趣等人文素养的全面提高的。因此，高校要加强对专业课程设置的优化，将人文素质教育渗透到专业课教学中，同时多开设一些人文课程，开展形式以必修课和选修课为主，具体根据学校的教学条件而定。

高校对大学生人文素质的培养主要是在专业课教学中实现的，因此在各门专业课程的教学中，要适当融入人文素质教育的内容。高校专业课程中蕴涵的科学精神和人文精神非常丰富，在专业课教学中，授课教师要对各课程所蕴含的人文思想与人文知识进行深入挖掘，并在教育的整个过程中贯穿对大学生科学精神和人文精神的培养。在专业课程的教学大纲和教学目标中，要体现出人文素质教育的因素，将人文素材充实到专业教学内容中，将专业课程的人文精神展现出来，对大学生的人文情操进行陶冶，使专业课在促进大学生文化素质养成方面的作用得到充分发挥。

另外，增设人文必修课和选修课也非常必要，尤其要为理工科的大学生提供一些人文课程选项，如富含人文教育思想养分的经典导读课程等，以使理工科学生掌握一定的人文知识。实践证明，通过人文课程教学能够有效培养与提升大学生的审美情趣与文化品位。

（三）建设人文师资队伍

在实践教学中，教师的作用主要是言传身教。因而，在高校人文素质教育中，建设优秀的人文师资队伍是一个非常关键的途径。将专职教师与兼职教师相结合是实施该途径的主要手段。

高校人文素质教育的顺利开展离不开优秀的专职教师队伍，他们是开展各项教育工作的主导者。教师在传授专业知识的过程中要将人文教育渗透进去，并在课下多与学生交流、沟通，学生与人文素养高的教师接触得多，便能够在自由的氛围中受到良好精神品质、人格魅力的感染。因此在师资队伍的组建与培养中，应将思想素质好、业务水平高、责任心强的优秀教师作为首选，让这些教师担任班主任、辅导员等重要职务，并不断对其进行专业培训，组织教师间的学习和交流活动，促进教师人文素质和专业教学能力的进一步提升。

此外，高校还可以聘请人文方面的知名专家、学者到学校担任人文课程教师，或定期开设人文讲座，发挥这些专家与学者的人文素养魅力，使学生受到良好的教育。其原因在于，人文专家与学者的成长经历对大学生的教育意义非常重要，他们与大学生的实际需求更贴近，能够传达更加生动丰富的内容，给大学生的未来生活与职业规划带来启迪。

（四）创建人文校园文化

高校加强人文素质教育对课堂教学活动与校园文化活动的结合提出了要求。在大学生的人文素养培养中，主渠道是课堂教学活动，但也不能忽视校园文化本身及相关活动对大学生人文素质形成的重要影响。

校园丰富多彩的社团活动对大学生的组织能力、合作能力、管理能力等都提出了一定的要求，大学生需要具有良好的沟通能力、语言表达能力及人格魅力等才能组织好社团活动，并在活动中发挥主体作用，加强自我服务、教育与管理。高校还要不断提升校园文化的品位，举办有意义的学术讲座和科技文化活动以及其他积极健康、活泼向上的校园文化活动，使校园学术氛围更加活跃，文化氛围更加浓厚，同时对大学生的文化消费进行积极引导，实现从娱乐型校园文化向知识型和科技型校园文化的过渡。

良好的校园文化本身也能对大学生产生潜移默化的积极影响。高校要将校园文化建设融入学校整体建设中，将重点突显出来，对主流文化积极倡导，使高雅的文化品位和浓郁的人文气息体现在校园规划、校园建筑设计、校园自然与人文景观、校风校训、师生行为规范等各个方面，使大学生的人文素质在这些方面的熏陶下得到有效的提升。

此外，创建人文校园文化，加强人文素质教育时，还不能忽视高校图书馆的文化宣传和文化导向作用。具有多元文化功能的图书馆在校园文化建设及人文精神培养中发挥着非常重要的作用，是其他文化形式所不能替代的。作为大学生的课外学习场所，图书馆安静高雅的环境、大量的图书资源等非常有利于对大学生的人文素质进行培养，大学生似乎更容易接受这种无形的教育，所以高校应利用图书馆这一文化阵地的优势，使其在培养大学生人文素养方面的重要作用充分发挥出来。

第三节　高校体育教育中融入人文素质教育的必要性

时代在不断进步与变化，高校教育应追随时代的步伐而不断深入改革与自我完善，时代的变化发展给高校体育教育带来了新的挑战。当前，高校教育的目标主要是全方位培养综合素质全面发展的人才，因此体育教育也应摆脱传统的教育模式，向多元化、多结构的学科方向发展。我国高校体育教育一直以来都强调对体育知识、理论及技能的传授，知识结构不够系统、全面，体育教学以户外实践活动为主，室内授课时间非常有限，这不仅与实际脱离，而且忽视了各学科间的沟通与协调发展，这在人文素质教育方面反映出的问题尤为明显，高校体育教育中缺乏人文素质教育的渗透。

高校体育教育在新的教育理念下必然要承担起全面培养大学生综合素质的职责与任务，因此在高校体育教学中要转变教学观念、革新教学手段，在传授专业技能的同时，将人文素质教育的内容适当加入其中，让学生在体育课上不仅能实现身心健康发展，学到体育知识与技能，而且能提升整体素质，为其成为全方位人才奠定基础。同时，从高校体育教育融入人文素质教育的必要性来看，也有必要加强这些改革。

具体而言，高校体育教育中融入人文素质教育的必要性体现在以下几个方面。

一、补充人文知识的需要

在高校实施人文素质教育，首先要给大学生传授一定的人文知识，以满足大学生对人文知识的需求，并补充传统体育教学内容的不足。高校的不同学科课程所涉及的知识点有显著的差异，在各门课程中适当分布人文知识，可以使原来的课程更有文化内涵。体育学科的各门课程中也涵盖大量的人文知识，具体表现为体育项目知识、发展历史、重要事例、体育比赛规则、精彩比赛瞬间等，适当地将这些知识放在体育课堂上来讲解，不仅可以丰富体育课自身的知识体系，还能使大学生在人文知识领域的需要得到拓展。从高校体育学科建设方面来考虑，也有必要将人文知识扩充到体育课程的相关教学内容中。

二、丰富高校体育教学内容的需要

转变传统体育教育理念，改革单一的教学模式，将体育教育与人文素质教育有机融合起来也是促使高校体育教学内容不断丰富的需要。高校体育课长期以来以技能传授为主，课程目标就是学生体能与技能达标，教学内容单一，缺乏趣味，学生渐渐对大量的技能学习、反复的技能练习失去了兴趣，学习积极性不断下降。有些学生参加体育课学习只是为了获得相应的学分，忙于找工作、考研的高年级学生则将体育课视为鸡肋，甚至放弃上体育课。体育教学与其他学科之间有一定的距离，它们长期处于分裂状态，因此体育学科与其他学科难以建立一致的培养目标。这些弊端严重制约了高校体育的发展，因此有必要改进高校体育教学模式，丰富与扩充教学内容，将人文素质教育融入其中，通过这些方式来调动学生学习的积极性，使学生在体育教学中实现全面发展与提升。

三、利用体育教育培养人文精神的需要

在高校进行人文素质教育主要是为了培养大学生的人文精神素养，使大学生群体展现出适应现代社会需求的良好精神风貌。人文精神是一个宏观概念，包含非常广泛的含义与丰富的内容，很难用一两个简单的词语来表示这个抽象概念，爱国主义精神、独立自主精神、团队协作精神、助人为乐精神、奉献精神、创新精神等都属于人文精神的范畴，大学生应具备的全部道德要求全部涵盖在这些人文精神的内容中，培养大学生的这些人文精神素养是高校教育的基本要求。在高校所有学科的教育中，对大学生人文精神的培养都是其中一个重要方面，包括高校体育课也是培养大学生人文精神的重要平台与路径，上述人文精神的诸多方面都涵盖在体育精神中。在高校体育教学中适当融入人文素质教育，传递体育精神，不管是为了实现学校的培养目标，还是为了满足学生本身的需求，都非常必要。

四、从多方面给予学生人生观指导的需要

在高校开展人文素质教育，不仅要补充必要的人文知识，还要给予大学生正确的人生观指导。很多人认为体育课主要侧重增强学生体质，培养学生的体育素养，使学生掌握体育锻炼的方法，至于教学生如何“做人”，如何帮助学生树立正确的人生观，这是其他学科教学的任务。但实际上，即使体育课程以实践教学为主，

也应将这一任务承担起来。高校体育旨在培养学生的全面健康体质,其中就包含心理健康,而在健康心理的培养中,要将人文素质教育的内容融入进去,从不同角度对学生进行正确指导与积极引导,教会学生为人处世,使学生树立正确的人生观。其实体育课自身的独特性及灵活的教学方式本身就适合与人文素质教育相融合。

第二章　人文素质教育引领下的体育教育改革

当前，学校全面素质教育改革正在有条不紊地进行着，人文素质教育作为全面素质教育的重要内容理应受到重视。当前，在我国高校体育教育中，人文素质的培养是比较欠缺的，因此，以人文素质教育为指导进行体育教育改革是时代所需，同时也符合全面素质教育的要求。高校体育作为学校体育教育的最后一个阶段，应该为大学生提供一个理解和感悟体育的人文与和谐相融合的特殊空间。高校体育教育不仅要增强大学生体质，使学生掌握体育知识与技能，还要带给大学生精神的欢愉和灵魂的升华，更重要的是唤醒大学生对人生价值的理性思考。这就需要在人文素质教育理念的指导下对当前高校体育教育的各要素进行人文化的改革与创新，从而使体育教育与人文素质教育的融合真正得以落实。本章主要对人文素质教育理念引领下高校体育教育的改革创新进行研究，主要内容包括体育教学目标的重塑、体育教学内容的融通、体育教学方法的人文设计以及体育教学模式的新构建。

第一节　体育教学目标的重塑

一、体育教学目标概述

（一）体育教学目标的概念

学生在体育教学实际情景中预期产生的学习结果或在学习

活动中预期要达到的标准就是体育教学目标。

（二）体育教学目标的分类

根据体育教学的层次，一般将体育教学目标划分为认知领域的教学目标、情感领域的教学目标以及动作技能领域的教学目标三种类型，这三类教学目标从简单到复杂又包含多个级别，分别如图 2-1、图 2-2 和图 2-3 所示。

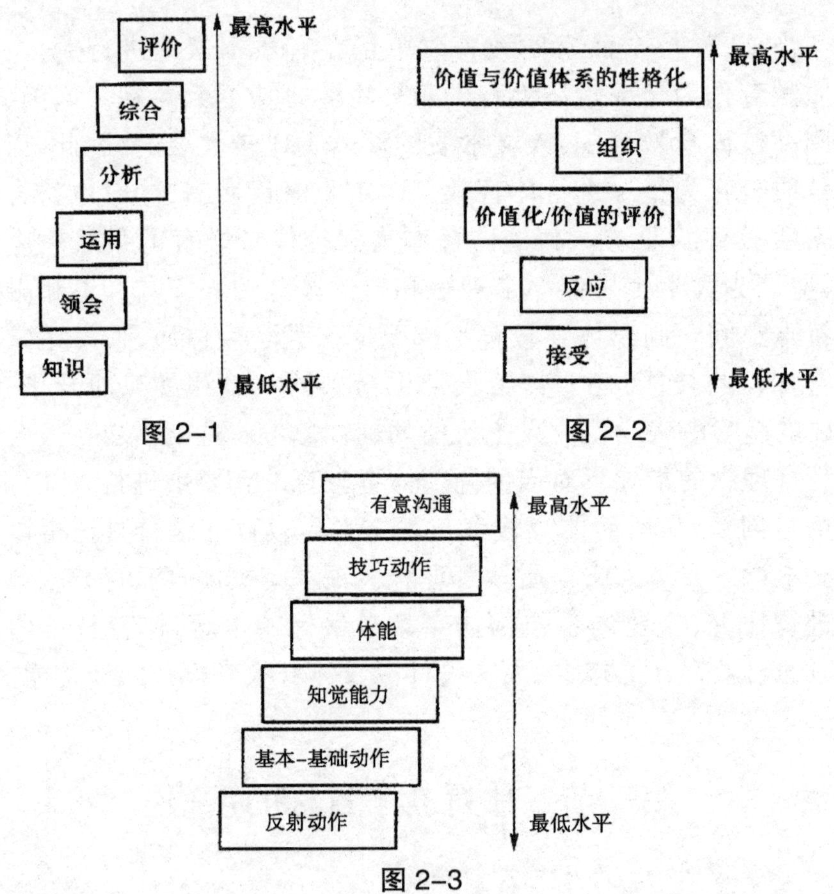

图 2-1

图 2-2

图 2-3

（三）体育教学目标的结构

体育教学目标是学校体育目标的重要组成部分，由一个个不同的单元目标组成，单元目标的子系统是课程目标，如图 2-4 所示。

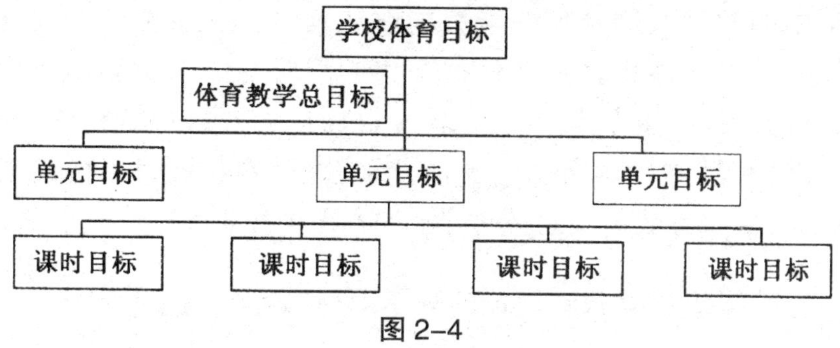

图 2-4

二、重塑师生共适的体育教学目标

高校体育教学目标的完成不仅需要教师对教的目标进行制定，还需要学生对学的目标进行拟定，只有将二者统一起来，体育教学的总目标才能实现。但在当前我国高校体育教学中，教育工作者往往认为教学目标就是教师教的目标，教的目标是主要目标，学生学的目标总被忽视，教的目标与学的目标出现偏离，所以体育教师在体育教学系统中有很大的权利，而学生则没有太多的权利，这就导致学生对体育课没有太大的兴趣，难以取得良好的体育教学效果。事实上，在体育教学中，教师教的目标和学生学的目标同等重要，因此要对师生共适的教学目标进行重塑，让师生共同制定教学目标，使教的目标与学的目标有机结合，使教师教的需要和学生学的要求都得到满足。要实现这一目标，可以从以下三方面着手。

（一）教师对教学目标进行"二次开发"

体育教学活动以传授运动技能为主，学生学习运动技能，要求身体各部位协调配合好，教师要从学生的实际需求出发对适合学生的创新性教学方法、方式进行选用。例如，在剑术教学中，将中国古诗融合进去，让学生在剑术套路的练习中体会剑术的精妙，获得对古诗韵律与情感的体悟，对中国古诗的奥秘加以感受，从而对学生热爱国家与热爱民族的情怀进行培养。体育教师在教学中的教学机制及创新能力能够从其对教学目标的二次开发中体现出来。体育教师在依据个人的经验与能力对教学目标进行二次开发时，要从整体上将教学目标把握好，以总目标的要求为依据，在具体教学活动中灵活迁移教学内容，同时又要凸显教学目标，从而有效衔接总体教学目标、具体教学目标与教学实践。

（二）学生参照教师呈现的教学目标拟定学习目标

学生要参照教师的教学目标来拟定自己的学习目标，从而使二者保持一致，学生更要从自己的实际情况出发来选择具体的学习内容。体育教师应帮助学生及时调整那些没有可行性的学习目标，引导学生将合理可行的学习目标确定下来，制定相应的学习计划，使学生逐渐实现学习目标。

（三）师生构建平等的对话机制

如果体育教师的教学目标与学生的学习目标发生了偏离，教师不能一味要求学生妥协，而应及时与学生展开沟通交流。师生之间要平等、自由地对话与交流，畅所欲言，将自己内心的真实想法表达出来，通过真诚的对话，更进一步了解对方，从而对已有的教学目标进行调整，促进教的目标与学的目标有机对接。例如，在体育游戏中，师生对游戏的方法、规则、评分标准等共同加以制定，从学生自身情况出发对游戏内容进行调整。

体育课程代表的是一种文化介质，通过体育课程教学对体育课程本身积淀的文化和经验进行传播。在体育文化传播中，体育课程教学是一个非常重要的路径，体育教学又要以文化为载体，没有文化就没有教学。体育教学的一个主要目标就是向学生传递体育文化，使学生掌握体育文化知识，实现进一步的飞跃。

第二节　体育教学内容的融通

一、体育教学内容概述

（一）体育教学内容的概念

体育教学内容指的是依据体育教学条件有选择地传授体育知识和技能，从而实现一定教育目标的知识体系。

（二）体育教学内容的结构

我国体育教学内容包含三大体系，如图 2-5 所示。这三大内容体系既相互独立，又在体育教学内容系统中相互联系、相互促进，如图 2-6 所示。

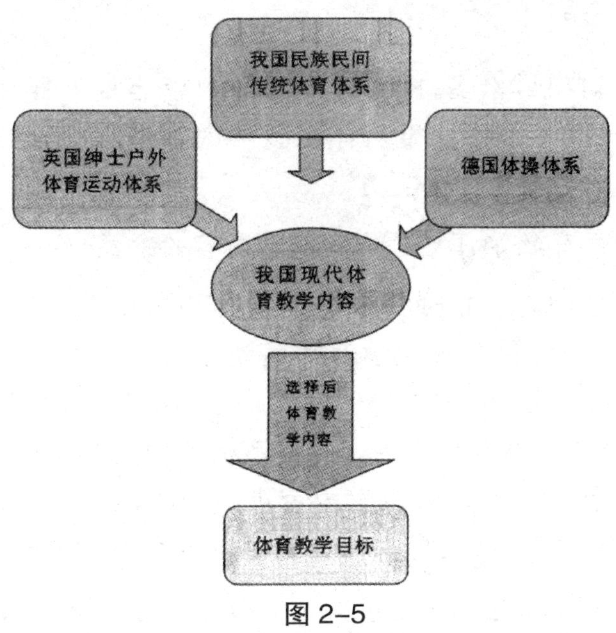

图 2-5

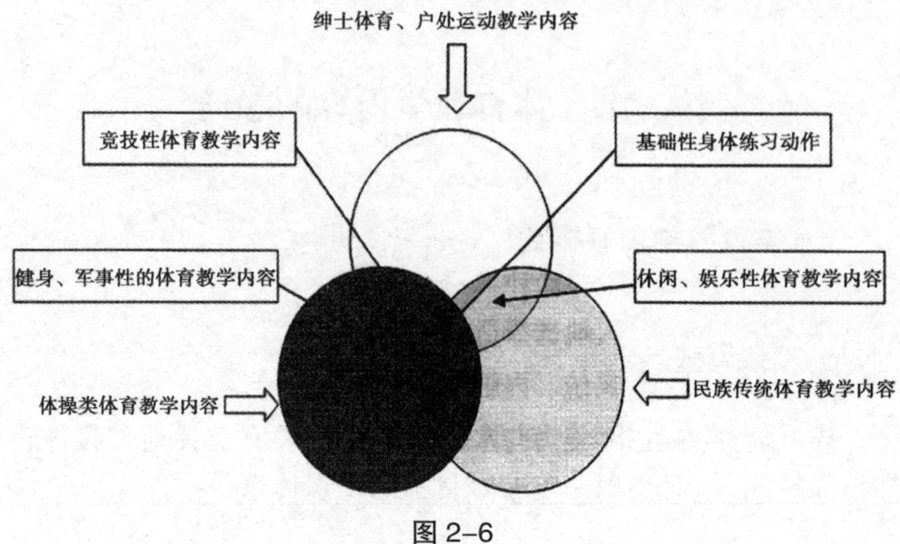

图 2–6

需要注意的是，体育教学内容的这三大体系之间是不可以相互替代的，每个体系都确立了自身稳固的地位，发挥着重要的作用，缺一不可。

（三）体育教学内容的分类

体育运动项目繁多，因此体育教学内容非常丰富，研究人员为了方便研究，从不同角度对体育教学内容进行了分类，下面简要说明几种较为常见的分类方法。

1. 依据体育教学目标对体育教学内容的分类

体育教学内容包括通用部分的内容和选用部分的内容两大部分，通用部分又包括知识学习和运动实践两个方面，进一步以体育教学目标为依据，可以将运动实践方面的教学内容划分为不同的类型，总体上体育教学内容的体系构架如图 2–7 所示。

依据体育教学目标对教学内容进行分类的方法有助于提高教学的针对性和目的性，促进体育教学目标的快速实现。

2. 依据个体体育能力发展对体育教学内容的分类

在素质教育下，体育教学不仅要培养学生的健康体质，丰富学生的体育知识,提升学生的体育技能,更要重视对学生终身体育锻炼能力的培养,这就要求在体育教学中注重培养学生的体育能力,从而为终身体育锻炼能力的形成与提升奠定良好的基础。依据个体体育能力发展对体育教学内容进行分类,有助于完成培养学生体育能力与终身体育锻炼能力的教学任务,图 2-8 是这一分类方法的基本构架。

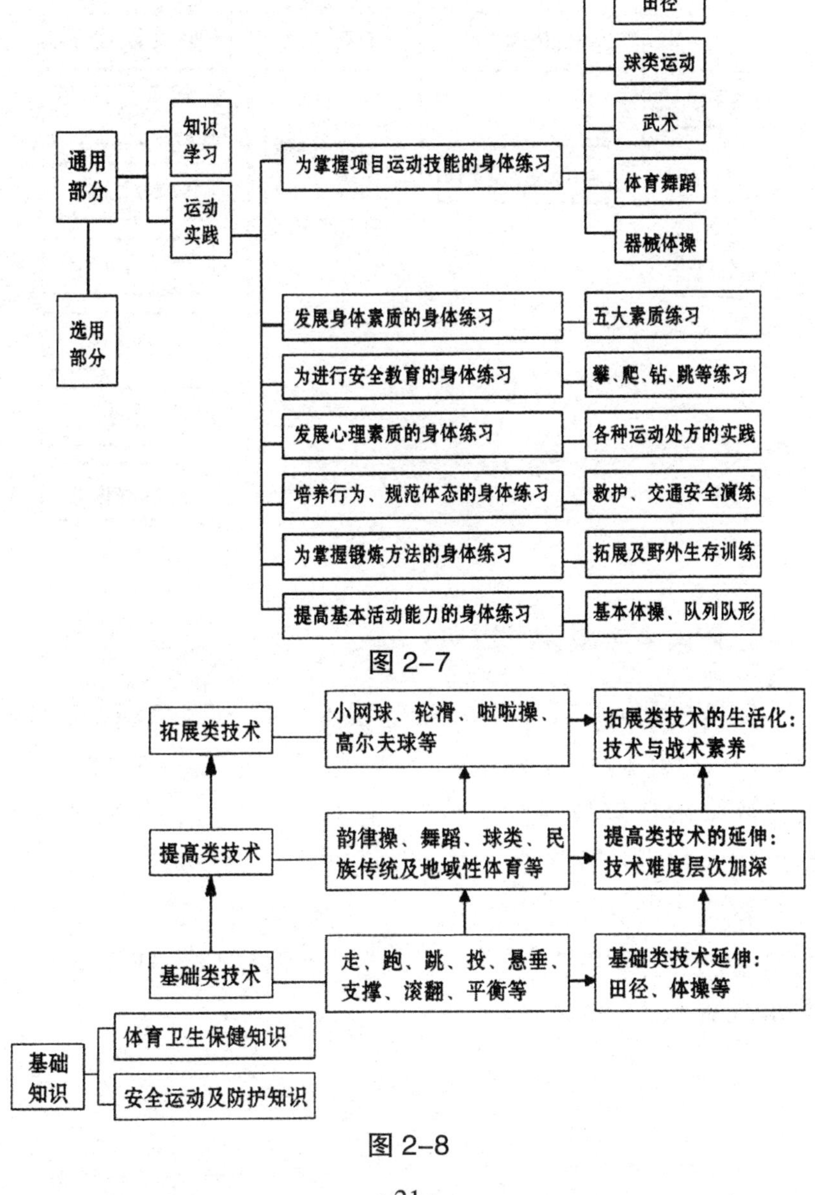

图 2-7

图 2-8

3. 对体育教学内容的交叉综合分类

采用交叉综合的分类方法对体育教学内容进行分类，主要是由体育教学内容自身的特点所决定的。体育教学内容非常丰富，对其进行交叉综合分类能够将这一特征体现出来，如图2-9所示。

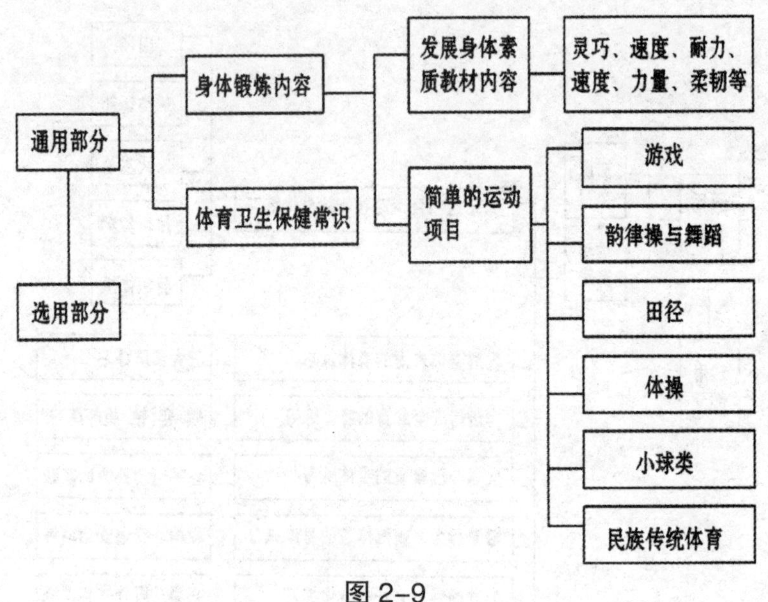

图 2-9

（四）体育教学内容的层次

在体育教学中，哪些内容需要重点传授，哪些内容只需粗略介绍即可；哪些内容要多安排一些，哪些内容要少安排一些；哪些内容要多次反复教，哪些内容只需教一次即可，等等，这些都与体育教学内容的层次有关。体育教学内容一般包括四个层次，分别是简教类教学内容、精教类教学内容、介绍类教学内容以及锻炼类教学内容，图2-10形象地反映了这四个层次体育教学内容的坐标关系。

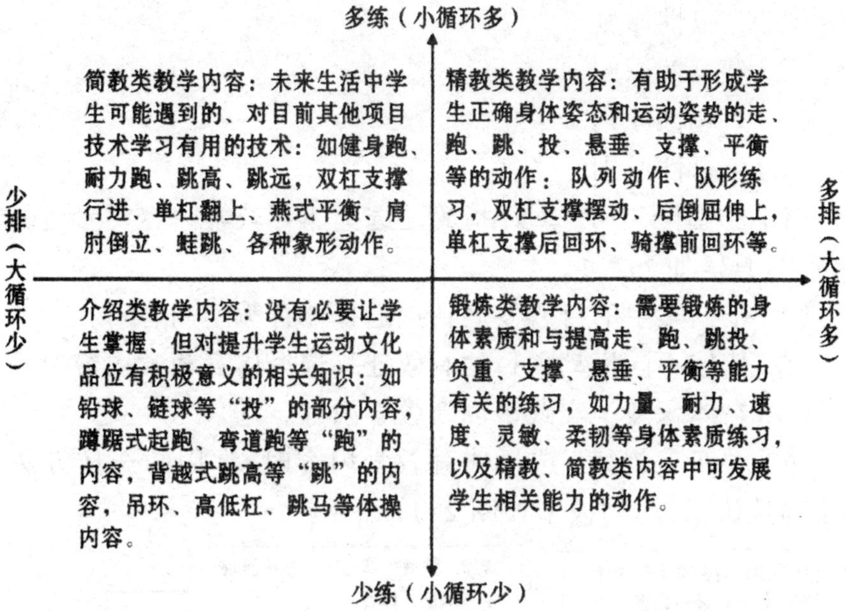

多练（小循环多）

少排（大循环少）

多排（大循环多）

简教类教学内容：未来生活中学生可能遇到的、对目前其他项目技术学习有用的技术：如健身跑、耐力跑、跳高、跳远，双杠支撑行进、单杠翻上、燕式平衡、肩肘倒立、蛙跳、各种象形动作。	精教类教学内容：有助于形成学生正确身体姿态和运动姿势的走、跑、跳、投、悬垂、支撑、平衡等的动作：队列动作、队形练习，双杠支撑摆动、后倒屈伸上，单杠支撑后回环、骑撑前回环等。
介绍类教学内容：没有必要让学生掌握、但对提升学生运动文化品位有积极意义的相关知识：如铅球、链球等“投”的部分内容，蹲踞式起跑、弯道跑等“跑”的内容，背越式跳高等“跳”的内容，吊环、高低杠、跳马等体操内容。	锻炼类教学内容：需要锻炼的身体素质和与提高走、跑、跳投、负重、支撑、悬垂、平衡等能力有关的练习，如力量、耐力、速度、灵敏、柔韧等身体素质练习，以及精教、简教类内容中可发展学生相关能力的动作。

少练（小循环少）

图 2–10

二、体育教学内容的有效融通

（一）明确教学内容选择的依据

体育教学目标的实现程度与体育教学内容的选择有很大的关系，达成体育教学目标离不开体育教学内容这一重要载体。当前高校体育教学中，很多教师不清楚如何选择体育教学内容，不知哪些内容对学生的全面发展更有帮助，也不知如何安排各种教学内容的比例，教学内容选择不合理的问题严重影响了人文教学目标的实现。

在现代高校体育教学中，体育教学的“四三规律”是体育教师选用体育教学内容时应参考的主要依据。

“四三规律”中的“四”指的是选择体育教学内容要贯彻的四项原则，具体如下：

（1）一致性原则。

（2）健身性原则。

（3）兴趣性原则。

（4）可行性原则。

“四三规律”中的“三”指的是选择体育教学内容要参考的三个依据，具体如下。

（1）依据学生的身心发展特点选择体育教学内容。

（2）依据不同运动项目的有效迁移选择体育教学内容。

（3）在体育教学实践中创新教学内容。

依据“四三规律”选择体育教学内容时，常用的选择方法是层层筛选法，其运用模型如图 2-11 所示。

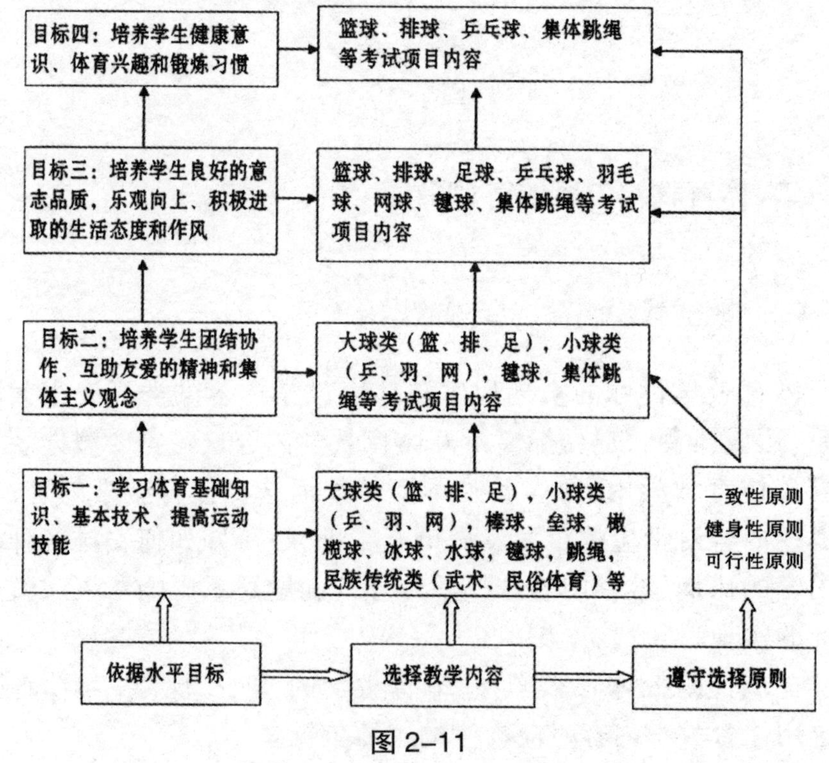

图 2-11

（二）重建体育教学内容的生活文化世界

教育与生活之间密切联系，不可分割，教育就是生活的文化过程，将人们的意识唤醒，建构人们的生活方式是教育的本质所在，可见教育本身就含有生活的成分，具有生活的意义。[①] 在体育教学内容的改革与创新中，要善于融入民族文化和生活文化，彰显区域特色，使体育教学内容贴近学生的现实生活，并突出审美文化，使体育教学的艺术境界不断提升。体育教学内容源于生活并超越生活，对体育教学内容的文化生活世界的重建有助于推动"以人为本""以生命为本"的教学理念的发展，促进学生体验性学习与整体性学习效果的优化，促进体育教学与生活体验的融合。

下面主要从三个方面来探讨如何在体育教学中重建具有生活气息的教学内容。

1. 关注学生的生活经验，合理搭建教学知识与学生生活之间的桥梁

不同学生的经验背景不同，在体育课堂教学中，学生的经验都是很重要的潜力资源，学生的知识经验、生活经历都是隐性教学内容，脱离学生生活经验的体育教学内容会遭到学生的排斥，不利于学生积极主动地学习体育教学内容。因此，体育教师要对学生的生活经验给予密切的关注，在此基础上选择体育教学内容，科学建构体育教学内容与学生已有知识、经验之间的联系，从而促进学生学习意识与学习能力的提高。

2. 关注学生的现实生活，将生活资源引入教学内容

体育课堂教学要符合学生的实际生活，但也不能只是对学生的现有生活直接进行简单的还原。体育教学内容来源于生活，又高于生活，所以不能简单提炼生活内容后就将其放到课堂上，而要体现对现实生活的超越。体育教师要对学生的现实生活认真观察，对现实生活中的教学资源进行深度开发、挖掘，密切结合学生的生活实际，让学生的现实生活充满体育元素，时刻感受体育带来的乐趣与满足，引导学生积极主动地学习体育文化知识与参

① 张丽荣等．体育教学的价值回归探索［M］．北京：中国纺织出版社，2017.

与体育活动。

3. 加强对体育教材的生活化处理，实现体育教学内容与学生生活世界的无缝对接

体育教学内容与学生的知识经验和现实经验越接近，与学生的生活世界联系得越紧密，体育教学的价值就越能体现出来。体育教师要善于将隐藏在体育教材中的"生活场景"找出来，将学生对体育运动的需求和兴趣激发出来，引导学生在实际生活中参与运动，体验运动，满足生命需求。

此外，在体育教学内容的选用中还要注意以下几个问题：

（1）密切关注学生，将其置于体育的生活世界里进行教学与培养。在设计体育教学内容时要对地域文化特色加以关注，注重对各民族体育文化资源的挖掘、渗透和利用。

（2）尊重学生的个体差异，关切其各自的文化生活世界，在这个基础上为学生提供良好的体育精神文化生活氛围，使学生的学习更充实，发展更全面，结果更圆满。

（3）在"跨界"式理念的指导下设计体育教学内容，对于体育知识、运动技能、体育文化、体育生活等教学内容，要强化它们之间纵向交错及横向贯通的关系，同时也要加强体育与其他学科的交融互惠，充分利用文化指引，让体育教学脱离单行动化的桎梏。

第三节　体育教学方法的人文设计

一、体育教学方法及其分类

在体育教育中，体育教师与学生为完成体育教学任务、实现体育教学目标而采用的手段和方式总称为体育教学方法。

有关体育教学方法分类的研究有助于我们了解体育教育方法的分类。体育教学方法的分类方式有很多，下面简要说明两种

常见的分类方法。

第一种分类方法是以教学内容、教学任务与教学需要为依据对体育教学方法进行分类，具体可以将其划分为图 2-12 所示的几种类型。

- 体育教学方法体系
  - 体育健康知识和运动技术理论教学方法体系：讲解法、谈话法、问答法、讨论法、比较法、归纳法等
  - 运动技术教学方法体系
    - 泛化阶段教学法：情景置疑法、启发法、发现法、直观法、示范法、多媒体法、模拟法、辅助练习法、暗示法、比较法、分解法、预防错误动作法
    - 提高阶段教学法：纠正错误法、部分完整练习法等
    - 技能巩固阶段教学法：重复练习法、变换条件法、完整练习法、自练法、过渡练习法、强化法、比赛法、循环练习法等
  - 发展学生体能方法体系：负重法、持续法、间歇法、游戏法、综合法、比赛法
  - 激励与评价运动参与方法体系
    - 激励法
      - 兴趣激励法：成功教学法、愉快教学法、需要满足法、教学引趣法等
      - 动机激励法：目标设置法、创新情境法、积极反馈法、归因教育法、价值寻求法等
    - 教育法：说服法、鼓励法、榜样法、评比法、表扬法、批评法等
    - 评价法：积极评价法、鼓励评价法、对比评价法、信息反馈法、自我评价法等
  - 发展学生心理方法体系（包括社会适应能力）：个别与集体指导法、个性培养法、自学法、自练法、差别教学法、分组轮换法、合作学习法、分层教学法等

图 2-12

第二种分类方法是从教师与学生这两个教学主体各自的活动——“教”和“学”着手进行的分类，即教师的教法与学生的学法，如图 2-13 所示。

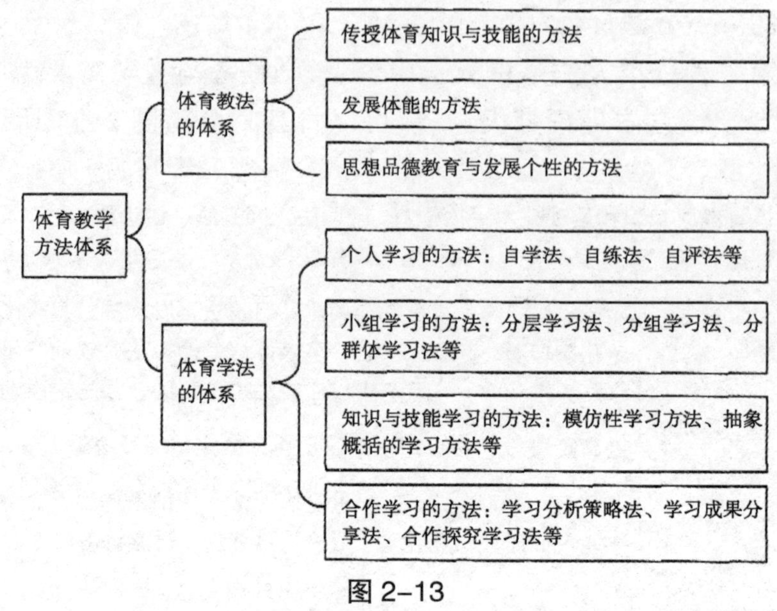

图 2-13

二、人文体育教学方法的设计形式与内容

（一）学科渗透教学法

在知识爆炸的时代，高等教育中各学科相互穿插、相互渗透、相互融合，而且这已经成为一种必然的流行趋势，许多新的学科也由此出现。与体育专业相关的运动生物力学、运动生物化学、运动美学、运动心理学以及人文体育等学科就是在体育与其他学科相互渗透的趋势下逐渐产生的。随着各学科间的相互影响与融合，自然科学的成分逐渐出现在社会科学的领域中。因此，有些学科如果只凭单纯的概念会难以对其专业范畴加以界定，学科之间的相互融合与渗透促进了各学科深度和广度的拓展，也使各学科的内涵变得更加广泛和深刻了。

学科渗透教学法的意义体现在以下几方面。

第一，在高校体育教育中融入人文思想，能够将传统的体育教学模式打破，在现代思想理念（以人为本，为人的发展服务）的科学指导下开展体育教学活动，使传统体育教学从形式性、有限性及阶段性转变为本质性、无限性及长远性，这是体育教育质的飞跃，不管是从外在到内在，还是从形式到实质，都发生了巨大变化，体育教育的境界达到一个新的层次，更加与时俱进，进一步适应社会需求并与其接轨。

第二，将人文思想融入体育教育后，宽广而深厚的体育教育知识对体育教师提出了新的要求，体育教师努力达到这些要求能够使自身综合素质得到显著的提升。

第三，在体育教育中运用人文思想教学法，能够进一步丰富与充实体育教学内容，使学生用更加通畅与多元化的渠道来理解、学习与掌握体育知识和技能。

第四，在体育学科与其他学科相互渗透的基础上，体育教育中出现了一些以前没有的高深奥妙的知识，这些知识可以将学生的好奇心和求知欲激发出来，培养学生对体育学科的兴趣，同时还能使学生在掌握体育知识与技能的同时学习其他领域的知识，提高其他方面的素质，促进其整体的进步与完善。

（二）幽默教学法

幽默是一种笑的艺术，体现了人的智慧和才华，也能直接反映出教师的综合素质，如知识水平、文化素质、道德修养、专业素养、反应能力等。在体育教学中，教师的语言风趣、幽默、诙谐，能使课堂气氛变得轻松活跃，恰到好处的幽默有助于创建良好的课堂情境和教学氛围，使学生在轻松、愉快的状态下掌握知识与技术。恰当的、反应敏捷的幽默也是体育教师教学技巧和教学艺术能力的体现。

例如，在短跑教学中，学生脚跟着地和全脚掌着地时出现错误，教师幽默地称之为年过花甲的老人在练 100 米跑，或形象地比喻为像一台压路机开过来，这样能够让学生快速、轻松地对动作要求与动作感觉有正确的认识。随即教师再指出这些错误可能带来的危害，如损害踝、膝等关节，危害脊柱和脑部健康等。紧接着教师讲解正确的技术动作要领。这种教学方法融幽默和情感为一体，能使学生更好地理解与掌握短跑技术，和采用传统语言讲解法产生的教学效果相比，采用这种教学方法产生的教学效果更好一些，这也体现了人文体育教学方法的实效性。

在人文教学方法中，幽默教学法属于一种上乘教学法，体育教师要灵活运用这种教学方法，让学生在欢声笑语中享受“快乐体育”，感受体育的魅力，从而更好地掌握知识，达到学习目标。

（三）微笑教学法

微笑被称作是“最祥和的语言”，它象征着快乐、自信。在心理学上，快乐是热爱自己的表现，也是宽容他人的一种形式。快乐的情绪是能够传染的，因此体育教师在教学中要适当地发自内心地笑，这种情绪是自然流露而非刻意表现的。对学生来说，教师的微笑是尊重，是信任，学生因此而感到快乐、温馨，并产生努力学习和必胜的信念。不快乐的教师是不热爱自己的，因此也很难去热爱自己的学生。教师只有先自己心里充满阳光，才能向学生播撒阳光。教师的微笑带给学生快乐，使学生保持健康的心态，产生强大的力量，向着学习目标努力、奋进。

快乐本身在某种意义上就是一种道德，我们有权利不善待自己，但无权去对别人的心情造成影响，微笑实质上是一种自然表象，而快乐实质上是一种心理习惯，体育教师首先要有高尚的情操、良好的思想修养和深厚的文化底蕴，这样才能通过发自内心的微笑给学生带去欢乐，在充满微笑和快乐的体育课堂教学中，往往能取得事半功倍的教学效果。微笑教学法虽是无声的、简洁的，但却是最好的方法之一。

（四）危机感教学法

改革开放以来，我国经济实力和综合国力显著提升，人民群众的物质生活水平得到了明显改善，但在市场经济下，因为竞争激烈，生活节奏快，所以人们在生理和心理上承受的压力也是非常大的。在这一背景下，高校体育教育中可采用危机感教学法来培养学生的危机意识和心理素质。采用危机感教学法是为了让学生清楚地知道，不是掌握了广博的专业知识和扎实的技术技能就一定能在竞争激烈的就业市场中取得成功，健康的体魄、良好的心理应激状态也是在竞争中获得成功的一个重要条件。因此，学生不仅要在专业学习中掌握专业知识与技能，还要在日常学习中锻炼自己的应激能力，提升自己的心理素质。

在体育教学中，体育教师要通过对学生的身体教育来强健学生的体魄，增强学生的体质。学生在体育学习中不可避免会遇到一些困难，产生一些不舒服的感觉，如体能锻炼时的枯燥感、短跑时缺氧的窒息感、长跑时极限挑战的疲劳感等，面对这些问题，学生首先要战胜自我，努力克服困难，从而取得成功，得到更好的成长与发展。

失败能够给人带来影响，并成为人的一块心病，使人承受超负荷的心理压力，学生也会如此，甚至更严重，而此时学生只有战胜自己的这些心魔才能走出阴影，在这个与心魔做斗争的过程中，学生的心理应激能力和水平也会不断改善与提升。在体育教学中，体育教师要善于抓住时机有意识、有针对性地对学生进行说教，给学生灌输危机意识，使学生产生危机感，从而更努力地学习，努力提高自己各方面的能力，为未来就业与生活打好基础。危机感教育方法还能够使学生从“要我学”转变为“我要学”，提高学生学习的积极主动性，促进学生主观能动性与创造性的发挥，从而取得更好的学习效果。

（五）聊天教学法

体育教师通过在课前或课下利用闲暇时间，不拘场合、形式及内容与学生展开全方位、深层次的接触，来教育与指引学生的方法就是聊天教学法。[①] 聊天教学法也是课堂教学的延伸,这种教学形式无拘无束,能拉近师生之间的距离,就像朋友之间的闲谈,没有主题,聊天内容海阔天空,学生也不用害怕老师,心无顾忌。通过深入的聊天,教师可以获得关于学生的大量信息,而且这些信息基本都是真实可信的,源于学生实际的信息能够为体育教师组织课堂教学提供参考素材,使课堂教学更有针对性,更贴近学生的真实生活。

教师与学生以聊天的形式的相互接触,能够加深对彼此的了解,使双方互相理解对方,学生更加理解教师的辛苦,教师也会更理解学生的学习需求,这样因为角色、年龄等因素造成的代沟就能得到有效的消除,使双方关系更和谐、融洽。

聊天教学法其实也就是一种"寓教于聊"的教学方法,教师一改往日在课堂上的传统说教,而是通过聊天与学生展开双向互动,这有助于端正学生的学习态度,激发学生对体育学习的兴趣与主动参与意识。

备课是体育教学的一个重要环节,备课工作还包含"备学生",聊天就是"备学生"的一个重要方式,通过该方式,可以准确、全面、细致地了解对学生的情况,同时也使得"备学生"这一工作开展得更有趣,更有人性化。

(六)师生互动教学法

虽然在体育教学中,学生的主体地位已经被教师认可,而且教师也不断引导学生发挥自己的主体作用,但教师主导有余、学生被动学习、师生缺乏互动的问题依然存在。针对这种现象,可在体育课堂教学的开始部分尝试以教学内容为依据指定某个学生来给大家布置学习或练习任务,同时要求该名学生提出教学要

① 谢佳.人文思想理念融入高校体育教学中的路径方法研究[D].东北师范大学,2011.

求，简单写出教学方案，教师给予指导，当指定学生做好充分准备后，让其带领大家进行练习，如队列指挥、领操等，教师全程仔细观察，并进行总结，肯定该学生表现好的地方，指出存在的问题。在体育课堂教学的结束部分，教师根据对学生的了解，安排有才艺的学生带领大家做一些形式多样的游戏练习或放松活动，也可以鼓励学生自己编一些游戏或趣味活动，从而激发学生的热情，培养学生的兴趣，调动学生的参与意识，这既有助于使学生的主观能动性及创造性得到充分发挥，又能够使体育教师某些教学能力方面的不足得到弥补。此外，在体育课堂教学中，体育教师还要善于在合适的时机向学生提问，安排小组讨论，用这些方法来引发学生思考，帮助学生利用所学知识解决各种现实问题，提高学生对体育教学内容的理解能力与运用能力。

体育教师在体育课堂上运用上述教学方法和手段，能够实现与学生的良好互动，有助于培养学生的组织能力、主体意识。

在体育教学中，由于学生特点、教学目标、教学任务或教学条件的差异，教师必须要善于运用各种教学方法来应对现实情况，并在选择体育教学方法时对上述要素进行综合考虑。上述人文体育教学方法有些适合在理论课上使用，有些适合在技术课上使用，而有些适合用于教学练习中。在既有理论内容，又有技术内容和练习内容的体育课堂教学中，教师应对上述人文教学方法组合运用，发挥各个教学方法的优势作用，取长补短，这样能够取得更好的人文教学效果，全面培养学生的体育人文素养。在对体育教学方法进行组合运用时，为了达到优化效果，可参考如图 2-14 所示的模式。

各种教学方法功能、特点分析
各教学阶段任务、特点
教学人群特点分析
认知阶段
联结阶段
自动化阶段
生理特点
心理特点
教学练习方法
教学方法的选择与组合
技术教学方法
理论教学方法
分析原因
理论教学
技术教学
发现问题
学生练习
下一单元教学
方案效果评价

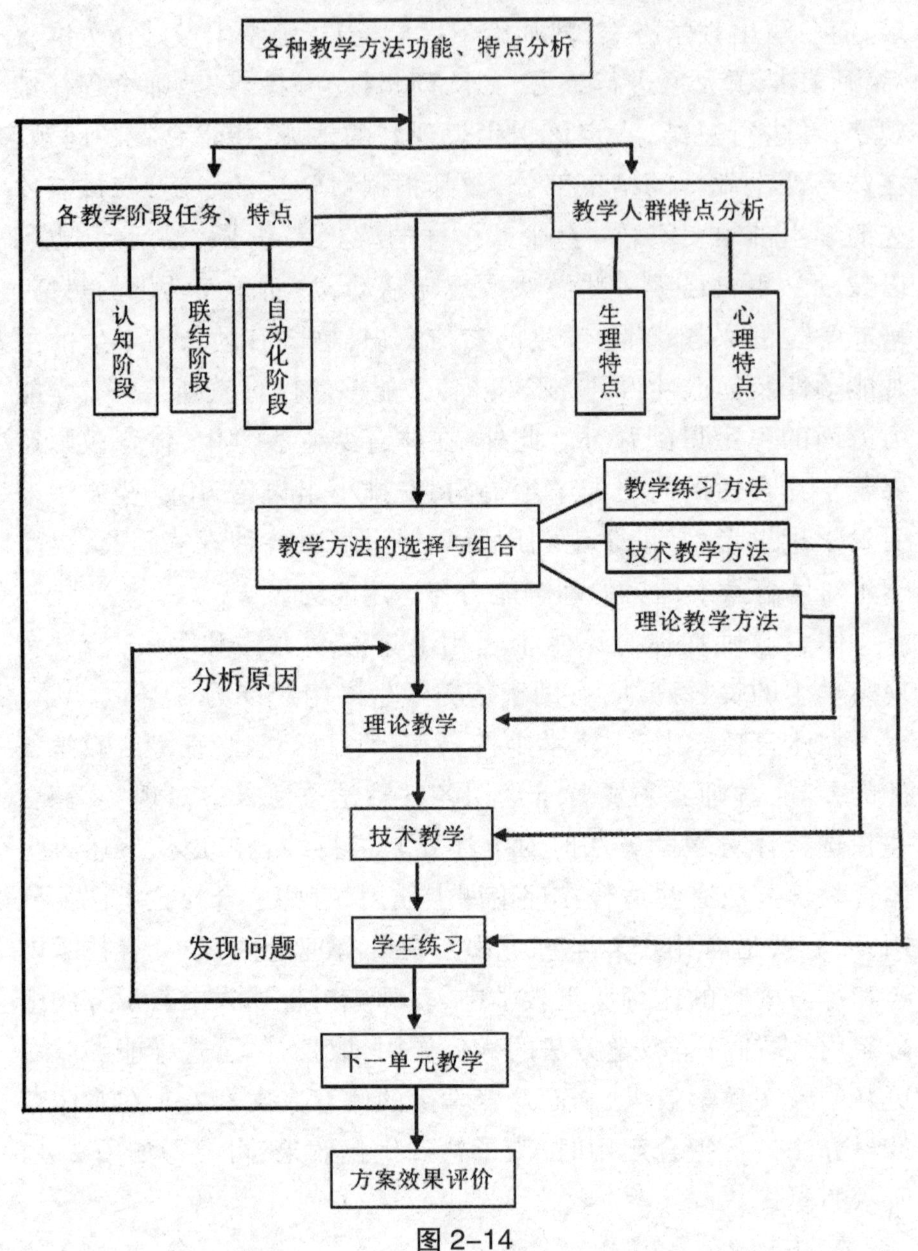

图 2–14

第四节　体育教学新模式的构建

一、体育教学模式及其分类

体育教学模式指的是具有特定的体育教育思想，用以完成单元体育教学目标而设计的相对稳定的教学程序。①

体育教学模式的分类方式有很多，下面简要说明两种常见的分类方法。

第一种是按不同的体育教学目标对体育教学模式进行分类，可分为运动技能教学类模式、心理发展类模式及体能训练类模式，如图 2-15 所示。

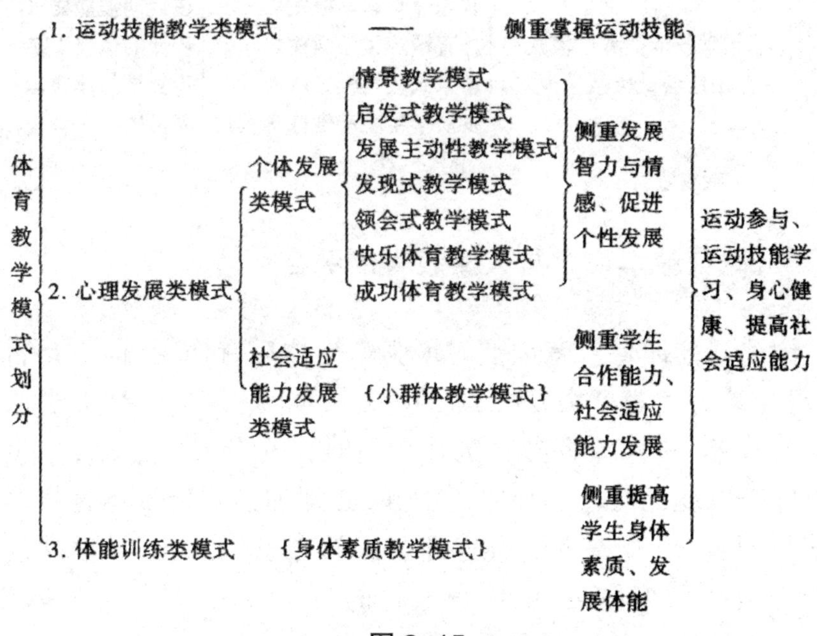

图 2-15

① 邵伟德．体育教学模式论[M]．北京：北京体育大学出版社，2005.

第二种是按体育教学的本质特征对体育教学模式的分类，体能教学的实质是运动技术的学练，按照这个标准，可以将体育教学模式一分为二，即运动技能类教学模式和非运动技能类教学模式，如图 2-16 所示。

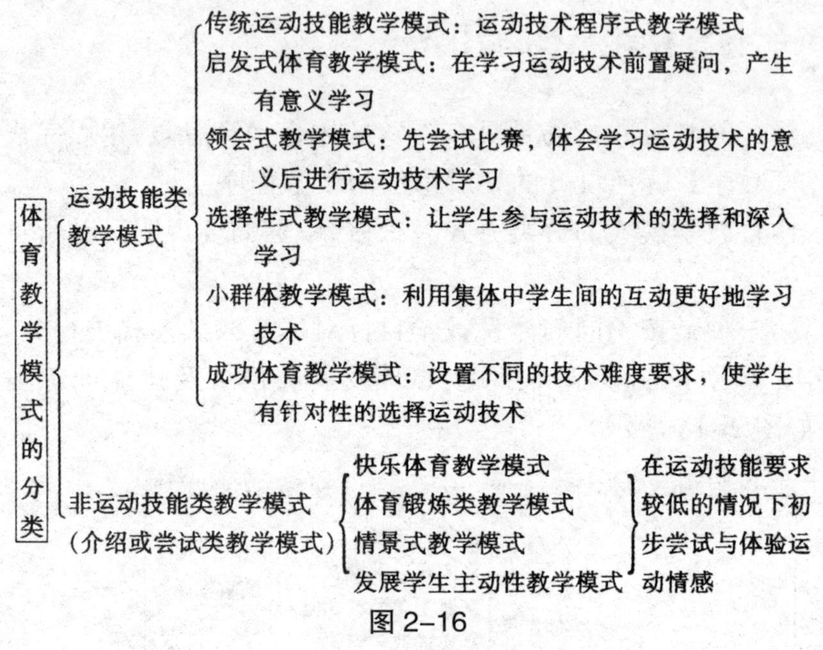

图 2-16

二、体育教学模式与人文教育的融合

传统高校体育教育虽然对增强学生体质有作用，但也是暂时的，因为教育内容和方法枯燥、单一，长期下去，学生会失去对体育课的兴趣，这样体育教育的作用就难以充分发挥出来，学生的身心健康也就无法得到保障。因此，必须加强对传统体育教育的改革与创新，引进先进的教育理念和教育思想，在科学理念的指导下开展教学工作，保证体育教育的科学性、先进性与实效性。与人文教育相融合是高校体育教育改革创新的一个重要方向。

在体育教学模式的发展中，启发式体育教学模式、探究式体育教学模式、快乐式体育教学模式、成功式体育教学模式及俱乐部式体育教学模式等相继出现，这些教学模式的创造与构建从侧面反映了现代体育教学发展的一些新趋势，即对学生的主体性越来越重视，注重对学生自觉能动性、创新性、体育兴趣爱好及体育意识的培养，强调情感体验的教学目标等。人文教育的根本出发点是培养全面发展的人才，而现代高校体育教学模式的改革恰恰体现了人文教育的内涵。

三、体现人文性的体育教学模式及运用

（一）快乐式体育教学模式

1. 概念解释

体育教师采取有趣的教学方式来传授教学内容，从而增强学生体质，丰富学生体育知识，提升学生体育技能水平，同时使学生体验乐趣的教学模式就是快乐式体育教学模式。

2. 应用流程及案例

运用快乐式体育教学模式进行教学时，可参考图 2-17 所示的教学程序。

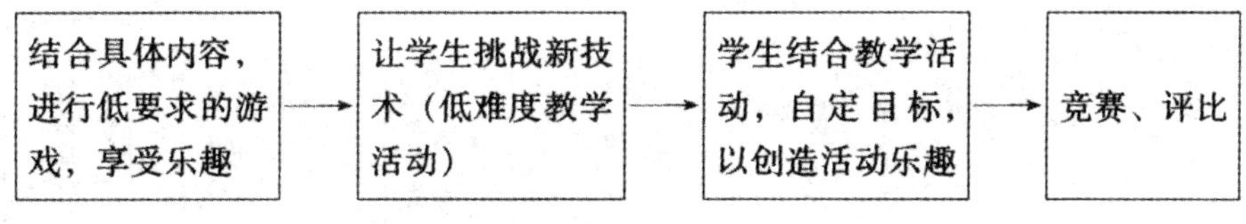

图 2-17

例如，在体能课上教“鱼跃前滚翻”动作时，运用该教学模式的参考步骤如图 2-18 所示。

（二）启发式体育教学模式

1. 概念解释

体育教师在教学中以学生为主体，调动学生思考与学习的自觉主动性，使其独立思考与解决问题，并在这个过程中获得进步

的教学模式就是启发式体育教学模式。

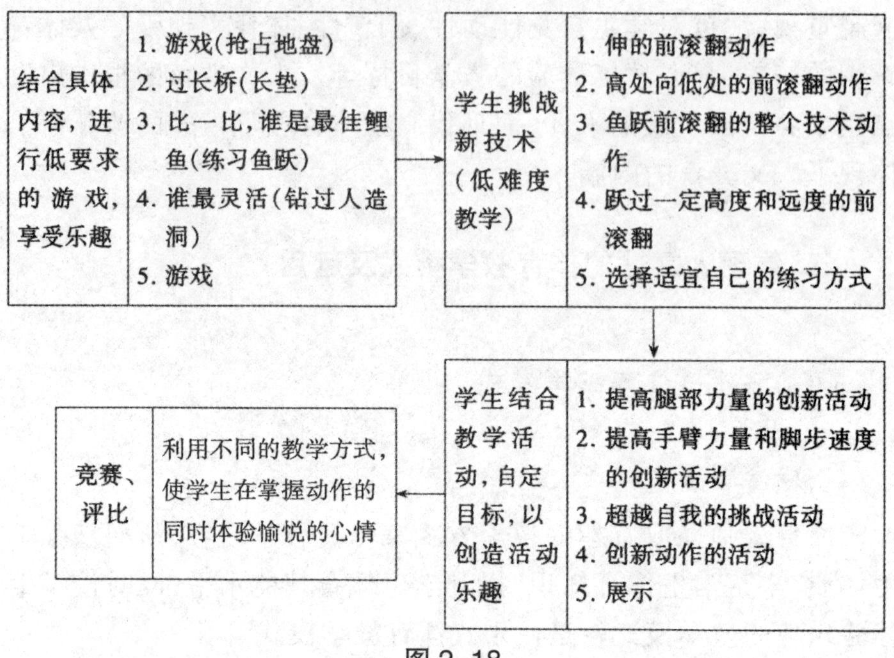

图 2-18

2. 应用流程及案例

运用启发式体育教学模式进行教学时，可参考图 2-19 所示的教学程序。

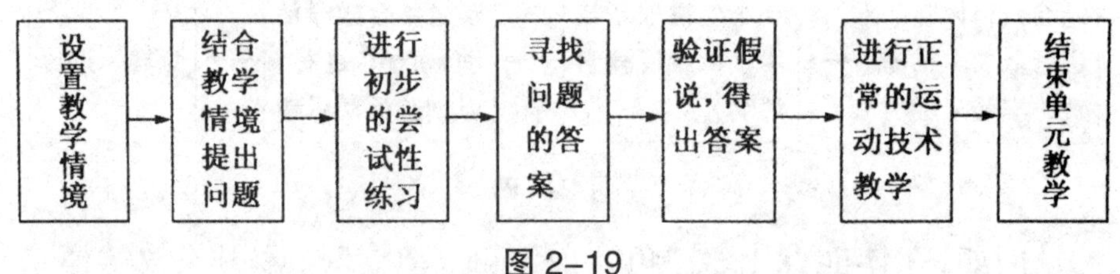

图 2-19

例如，在足球课上向学生传授行进间脚内侧传接球技术时，运用该教学模式的参考步骤如图 2-20 所示。

再如，在田径课上组织跨栏跑教学时，可参考图 2-21 来实施启发式教学模式，从而对学生独立探索能力及学习能力进行培养。

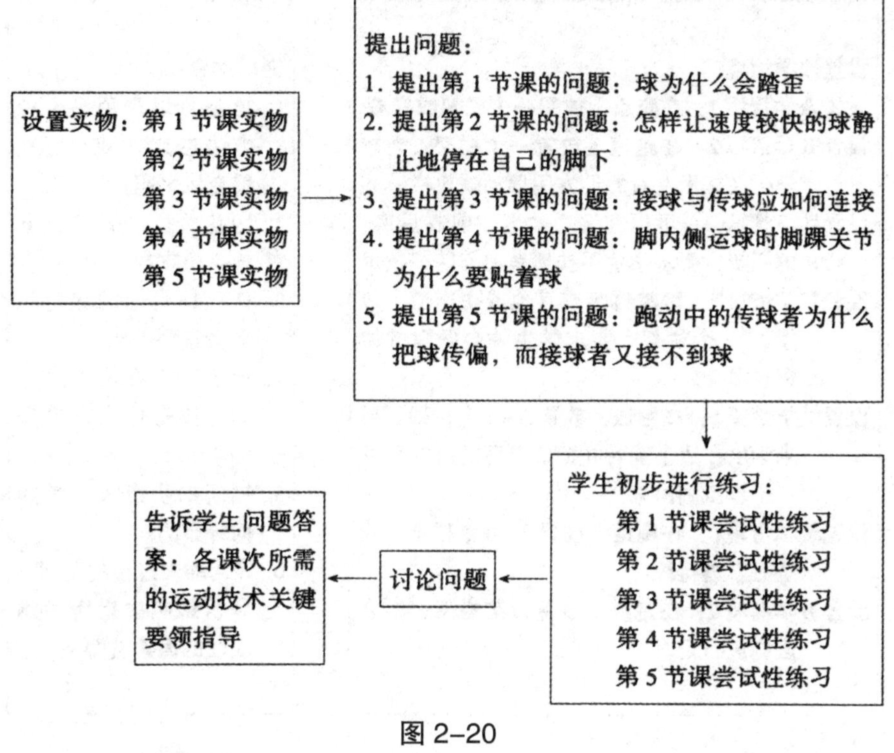

图 2–20

（三）小群体式体育教学模式

1. 概念解释

体育教师在体育课堂上参考一定标准对学生进行分组，为每组学生安排相同或不同的教学任务，提出相同或不同的教学要求，制定相同或不同的教学目标，从而培养学生“互动、互助、互争”的意识的教学模式就是小群体式体育教学模式。

2. 应用流程及案例

运用小群体式体育教学模式进行教学时，可参考图 2–22 所示的教学程序。

设置教学情境：

设置教学情境1：在跑道上放置一个栏架或横箱

设置教学情境2：在跑道上放置一个栏架，要求学生在2米左右的地方用摆动腿攻栏

设置教学情境3：可以在墙边放置“前高后底”的栏架，要求学生手扶墙练习起跨腿技术

设置教学情境4：跨越竹竿或其他或在跑道上放置2～3个栏架，要求学生体会两腿的协调技术

设置教学情境5：在跑道上放置2～3个栏架，要求学生在边上观看并把练习者的过栏后的三个步点画出来

设置教学情境6：在跑道上放置2～3个栏架，让练习者进行练习

设置教学情境7：在跑道上放置标准栏架，结合起跑进行记时

→

提出问题：

1. 想象可以采用多少种方法过这栏架？跨和跳有区别吗
2. 为什么摆动腿要充分地折叠攻栏
3. 任何使自己的起跨腿不会碰到栏架
4. 想象一下在栏上自己的身体是什么样的姿势
5. 栏间的步点大小是如何分布的
6. 如何缩短过栏的时间
7. 分析影响决定跨栏跑成绩的因素有哪些

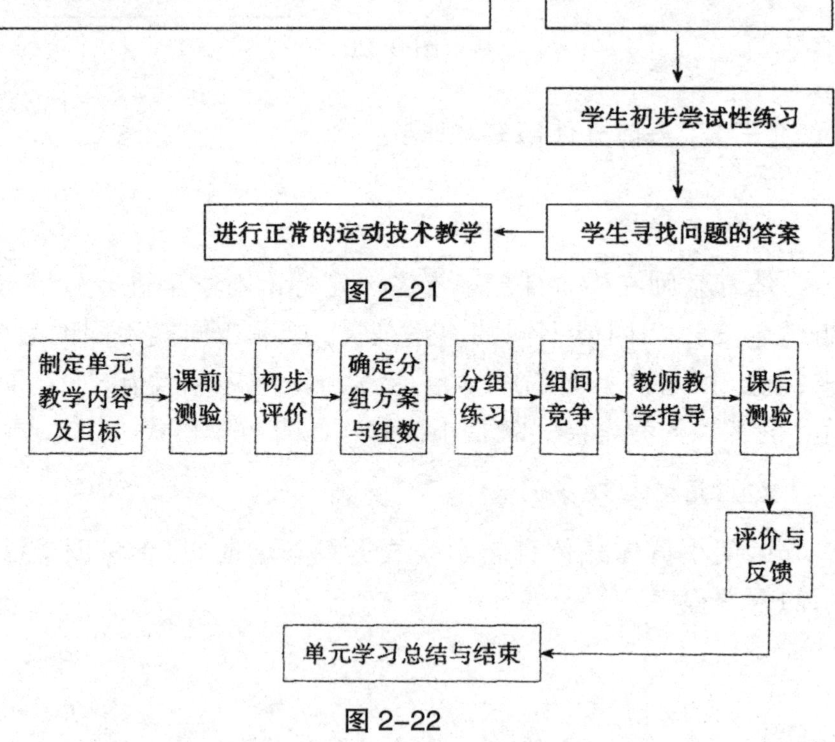

图2-21

图2-22

例如,在体能课上安排学生练习"鱼跃前滚翻"动作时,为了对学生的团结意识与合作能力进行培养,可采用该模式组织教学,参考步骤如图 2-23 所示。

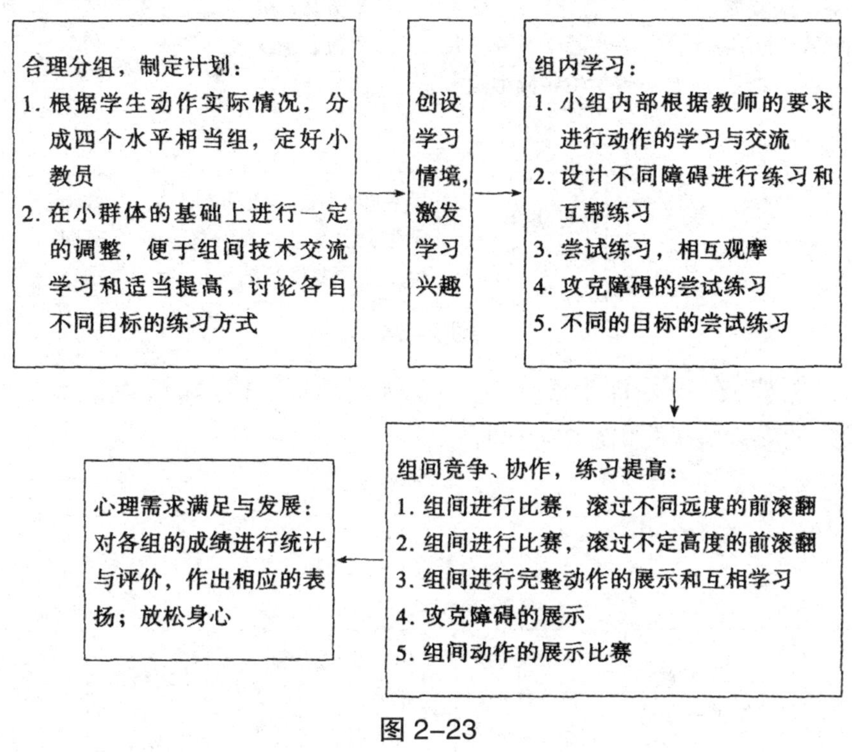

图 2-23

(四)发展学生主动性式体育教学模式

1. 概念解释

在体育课堂教学中,体育教师为培养学生的主动性而创设特定教学情境,从而使学生充分发挥自身主观能动性的教学模式就是发展学生主动性式体育教学模式。

2. 应用流程及案例

运用发展学生主动性的体育教学模式来实施体育教学时,可参考图 2-24 所示的教学程序。

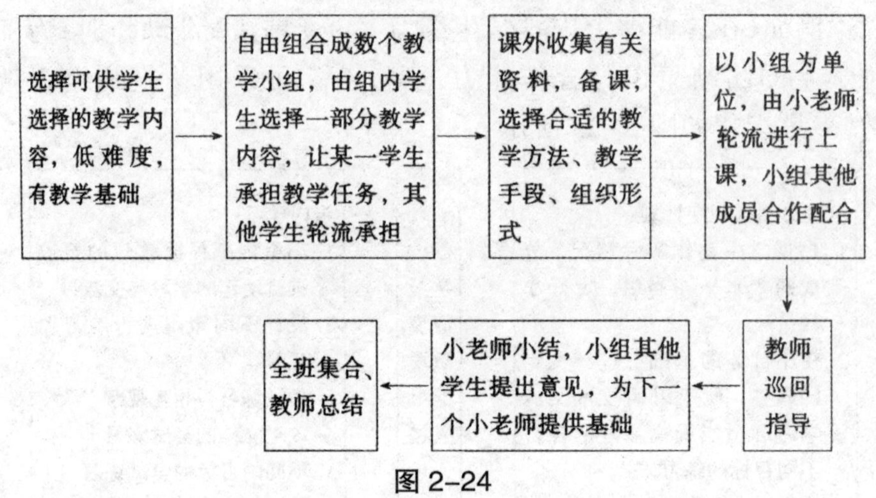

图 2–24

例如，在田径课上教学生“蹲踞式跳远”技术时，运用该教学模式的参考步骤如图 2–25 所示。

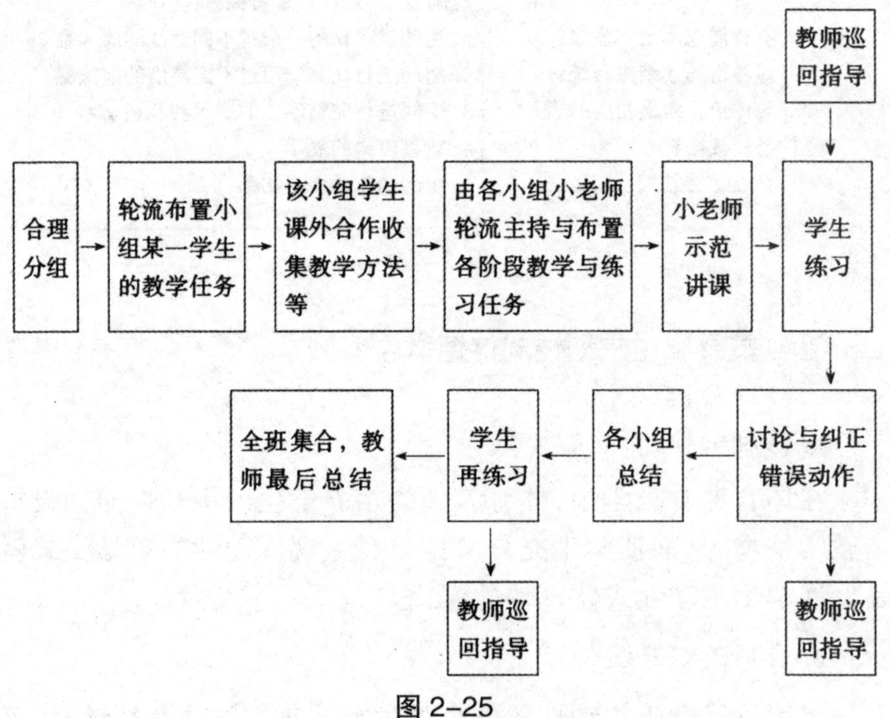

图 2–25

（五）领会式体育教学模式

1. 概念解释

体育教师在教学中传授体育知识与技能的同时，引导学生体会这些教学内容，使其获得深刻的感悟，从而激发其学习兴趣、提高教学效果的教学模式就是领会式体育教学模式。

2. 应用流程及案例

运用领会式体育教学模式来组织实施体育教学时，可参考图 2-26 所示的教学程序。

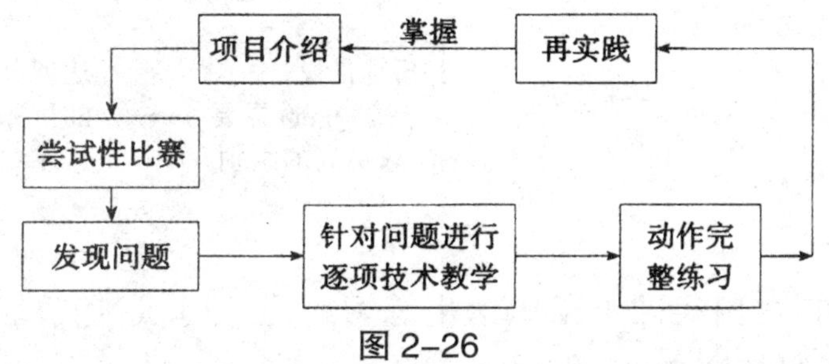

图 2-26

例如，在篮球课上向学生传授行进间运球上篮技术时，运用该教学模式的参考步骤如图 2-27 所示。

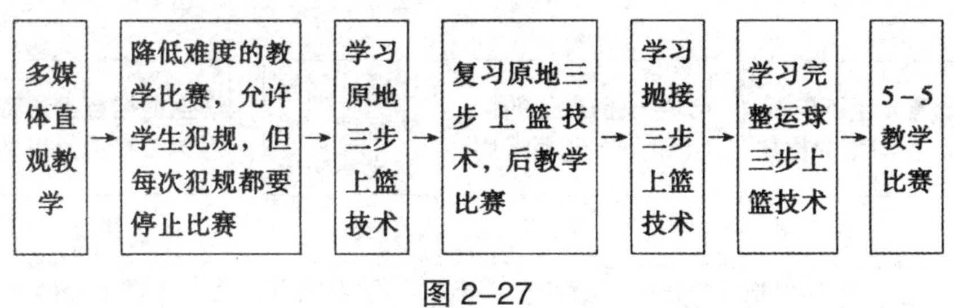

图 2-27

（六）成功式体育教学模式

1. 概念解释

在体育课堂教学中，学生在体育教师的引导下对自己的学习目标进行制定，然后跟随教师的指导努力学习，一步步达成目标，从而提升自信心，获得成功体验的教学模式就是成功式体育教学模式。

2. 应用流程及案例

运用成功式体育教学模式来组织实施体育教学时，可参考图 2–28 所示的教学程序。

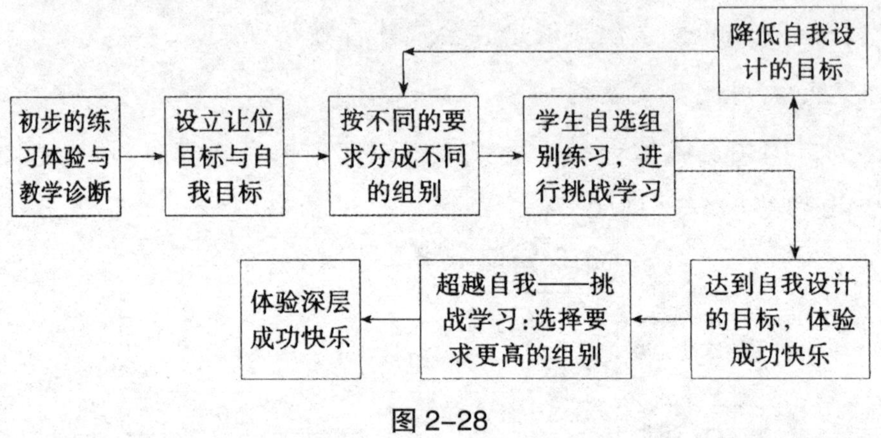

图 2–28

例如，在田径课上组织学生练习跨栏跑时，运用该教学模式的参考步骤如图 2–29 所示。

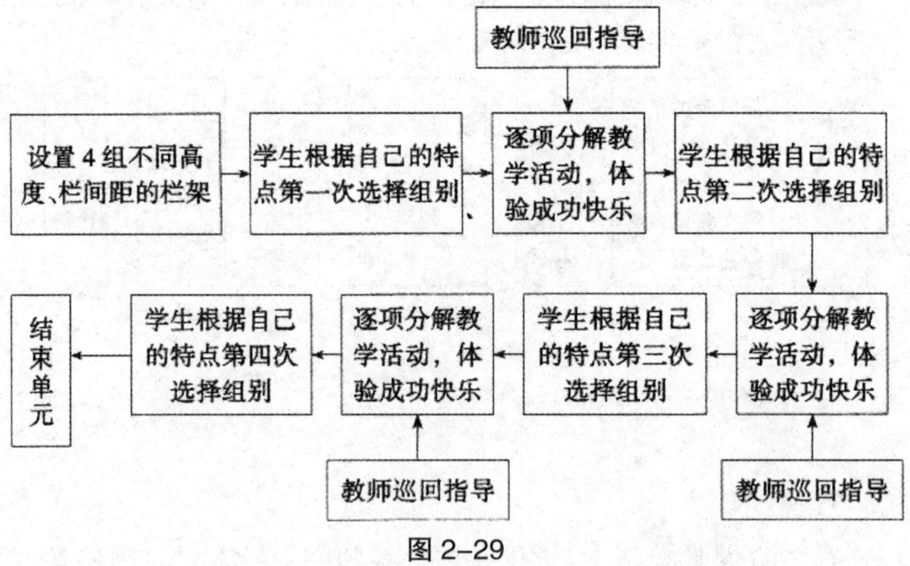

图 2–29

（七）即兴展现式体育教学模式

1. 概念解释

即兴展现式体育教学模式是指体育教师通过创设特定情境来培养学生反应力、表现力及创造力的教学模式。

2. 应用流程

运用即兴展现式体育教学模式来组织实施体育教学时，可参考图 2-30 所示的教学程序。

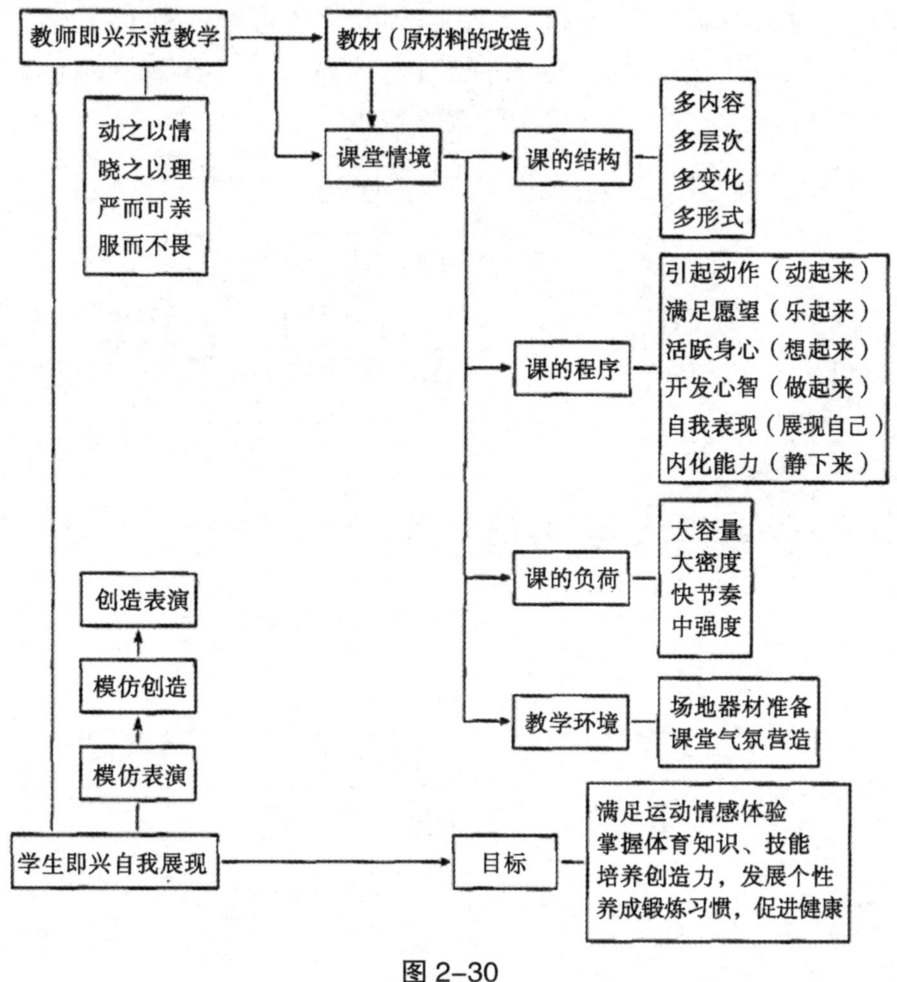

图 2-30

（八）"掌握学习"式体育教学模式

1. 概念解释

体育教师在课堂上经过一定时间的教学后，留出一部分课堂时间让学生自学，从而使学生掌握与巩固体育知识与技能的教学模式就是"掌握学习"式体育教学模式。

2. 应用流程

"掌握学习"式体育教学模式包括三个环节，分别是准备定向、课堂教学及终结评价，各个环节的主要教学工作内容如图2-31所示。运用"掌握学习"式体育教学模式来组织实施体育教学时，可参考图2-32所示的教学程序。

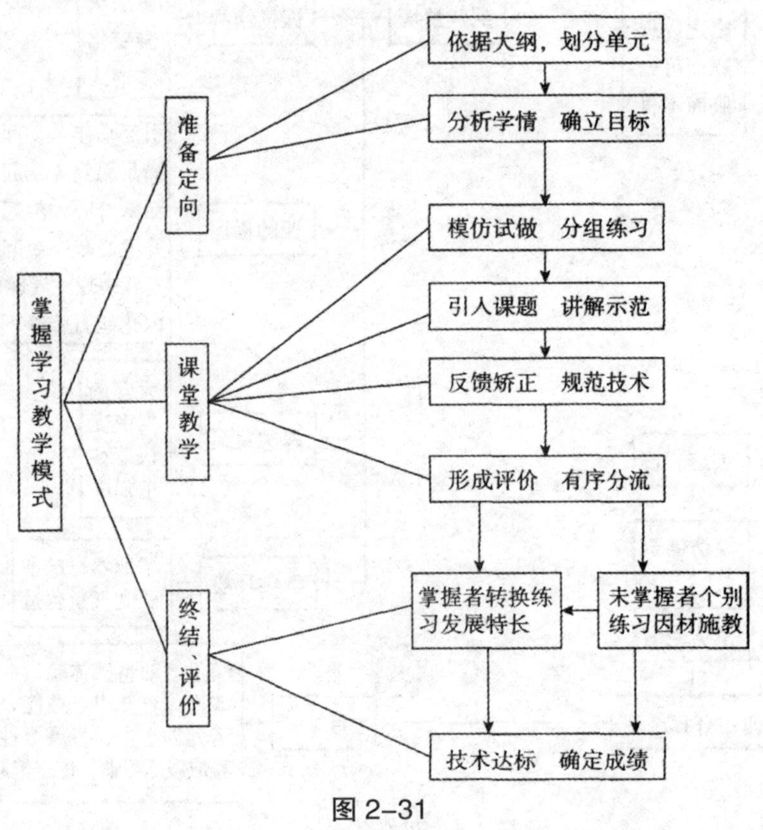

图 2-31

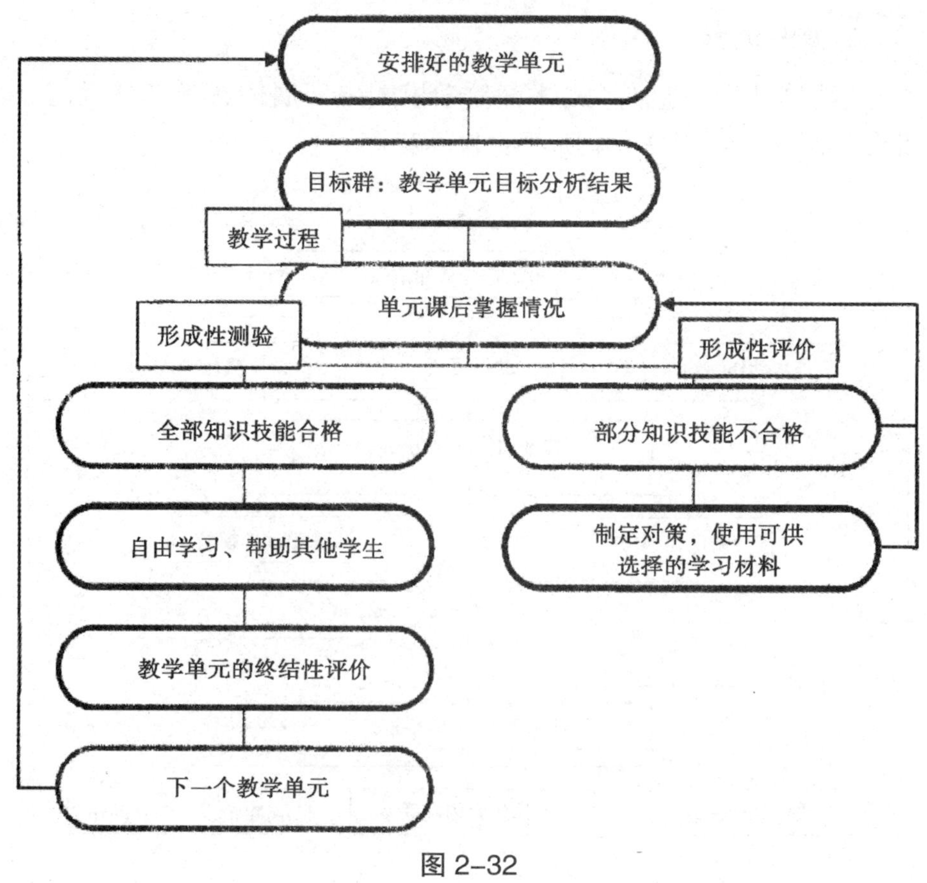

图 2-32

（九）"结构—定向"式体育教学模式

1. 概念解释

"结构—定向"式体育教学模式指的是以结构化与定向化的体育教学观点及其理论依据为指导而组织实施体育教学活动，不断构建学生的各种心理结构，以引导学生向预定目标方向变化的一种教学模式。①

① 路俊艳．"结构—定向"体育教学模式的构建与运用研究[J]．河北体育学院学报，2010（02）：53-56.

2. 应用流程

运用“结构—定向”式体育教学模式来开展体育教学活动时，可参考图 2-33、图 2-34 所示的教学程序。

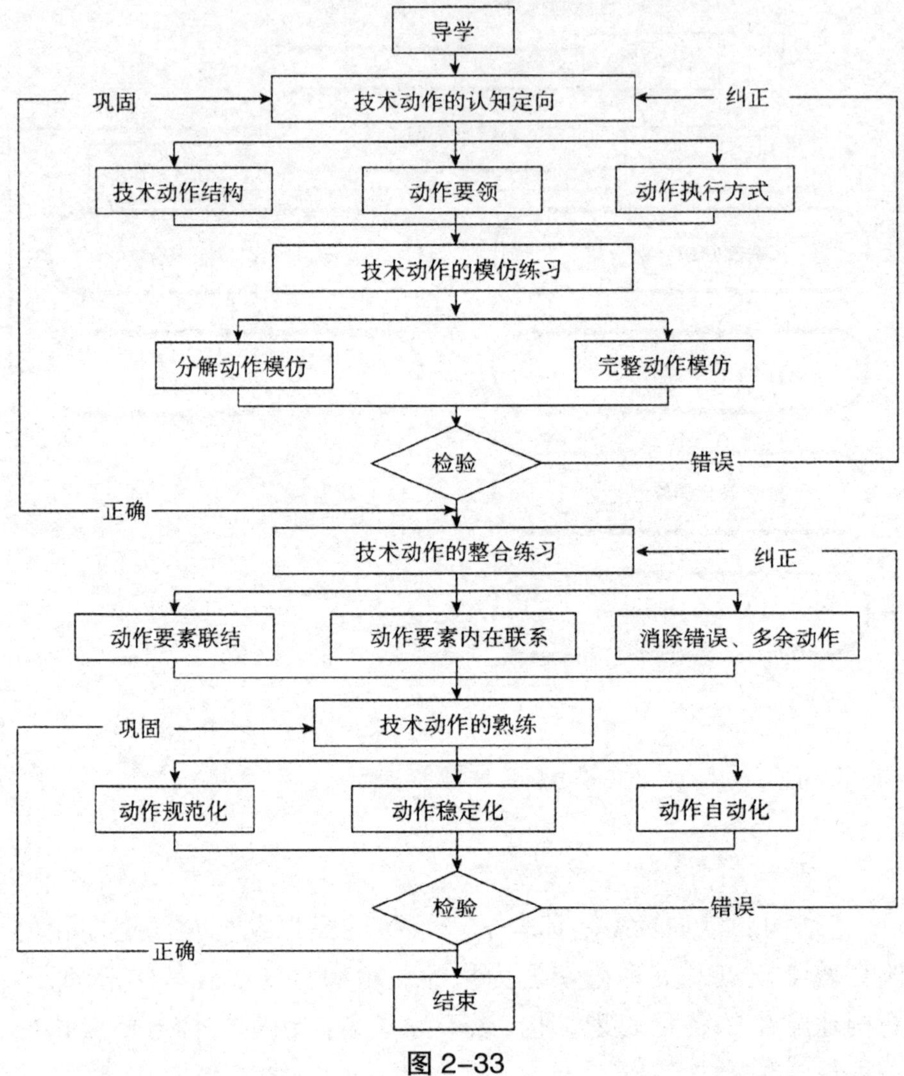

图 2-33

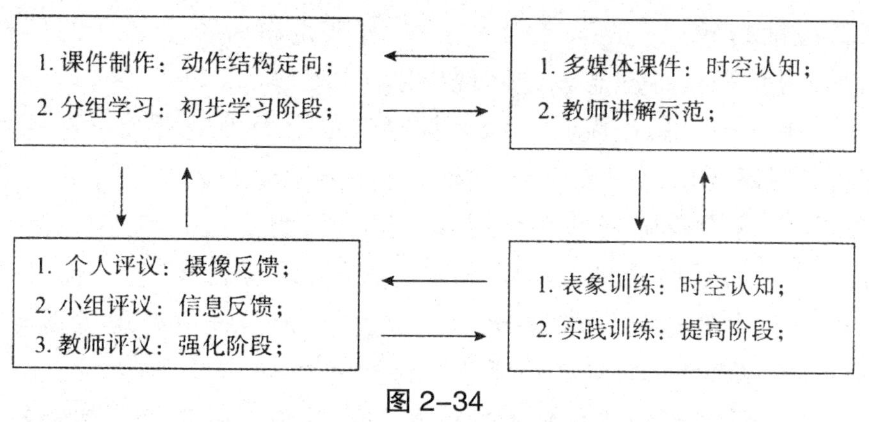

图 2–34

四、融科学、人文、健康教育为一体的体育教学新模式的构建

（一）确立高校体育教学新模式的教育理念

在体育教育发展的不同阶段都有不同的教学模式出现，不同阶段的体育教学模式的表现形式都有一定的特殊性，各阶段的体育教学理念与思想能够在该阶段的体育教学模式中得到反映。体育教学模式作为一种教育程序或教育方法体系，在培养全面型人才中发挥着至关重要的作用。体育教育蕴含着传统教育理念，与中华民族人文文化密切联系，体育教学模式作为体育教育的一个重要组成部分，也在一定程度上体现了传统教育理念与人文文化，同时突出反映了体育教育的育人功能。构建高校体育教学新模式，首先要摒弃传统上培育运动精英的教育理念，确立“全面培养人”的新兴教育理念。

大学生是国家的栋梁之才，是国家发展的希望，他们毕业后将在社会各个岗位从事相应的工作，推动社会主义建设与发展。因此，在构建与运用融科学、人文、健康教育为一体的体育教学新模式的过程中，要将专项教育、人文教育及健康教育融合起来，本着这一教育原则有针对性地实施体育教育，培养“掌握体育保健知识与专项技能、具有体育道德精神与创新精神、实践能力和社会适应能力较强”的综合型人才，并相应地融合五个层面的培养目标，将新兴教育理念充分体现出来。

《中共中央国务院关于深化教育改革全面推进素质教育的决定》中明确要求高等教育要“普遍提高大学生的人文素养和科学素质”[①]，这为我国高等教育的人才培养指明了目标与方向，高校任何专业都要培养具有科学素质与人文素质的大学生。体育作为高校教育的重要组成部分之一，必然要将传统束缚思想摒弃，确立全新教育理念，培养大学生的综合素质。

当前我国高校体育教育的改革与高等教育的发展趋势相符，呈现出由“项目教学”转变为“项目教育”，由“技能传习”转变为“文化传承”，人文教育与科学教育有机融合的趋向。在“素质教育”“健康第一”等教育思想的影响下，体育教育越来越强调科学教育、人文教育、健康教育的融合，这是新时代背景下高校体育教育改革的一个总体方向。

在体育教育模式的构建与实施中，要根据体育教育的发展趋势来确立教育理念，在科学理念的引导下开展教学实践，从而培养具有科学精神、人文精神及健康意识的全面和谐发展的复合型人才。

（二）科学设计体育教学新模式的操作程序

学生在体育教育中居于主体地位，体育教师要从教育主体的立场出发对运动的特性加以把握，对体育教材加以组织实施，对教学方法进行科学选用，从而使学生的需求尽可能得到满足，提高学生学习的自主性。学生作为教育主体，要在教师的引导下合理制定适合自己的学习目标，积极参与体育练习、游戏或比赛，从中享受乐趣，锻炼各方面的能力，实现全面发展。

从体育教育模式的本质出发，结合融科学、人文、健康教育为

① 包春峰．构建与科学、人文、健康教育相融合的高校体育教学模式［D］．天津大学，2007.

一体的高校体育教育模式的教学目标、教育理论及其指导思想，可以参考图 2-35 的操作程序来设计体育教学新模式。

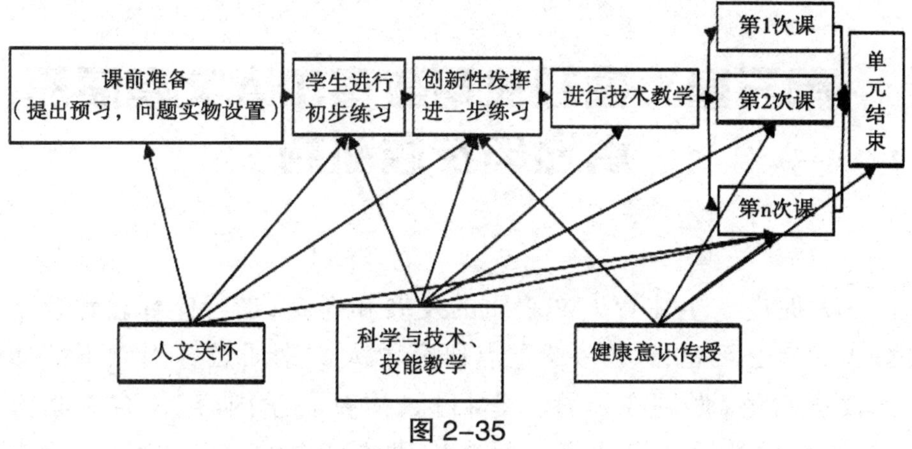

图 2-35

第三章 高校体育教育中人文素质的彰显与发展机制

为促进学生体育人文素质的发展和提高，进行体育教育改革是非常有必要的。上一章重点研究了人文素质教育引领下的体育教育改革，强调在体育教学目标、体育教学内容、体育教学方法、体育教学模式等几个方面来构建体育教学体系。另外，为更好地促进学生体育人文素质的培养与发展，必须要深入了解人文教育的育人机制，并且要在体育教育改革中时刻彰显人文素质，将人文素质教育充分贯彻于体育教育改革之中。本章就重点对以上内容进行细致研究与分析。

第一节 高校体育教育的人文精神内质

高校体育教育包含着人类文明中的一些重要人文精神，其具体实质内容如下。

一、高校体育教育中的正义

正义作为指导社会生活的一般伦理原则，必然也用于指导体育教学。教育正义指教育系统乃至整个社会尊重每一位社会成员受教育的权力，并且为每位社会成员创造受教育的物质和制度环境，以确保受教育者个体的内在潜能得到充分发挥。体育教学作为教育的组成部分，同样要坚守正义性原则，教学中要保障学生平等参与体育活动的机会,保障每一位学生在体育教学中获得平等发挥自己潜能的机会,尊重学生的人格自由与平等。

体育教学中的正义体现在以下几个方面。

(1)体育教学的正义建立在体育教师公正地认识自己、对待自己的基础之上。体育教师公正地认识自己表现在教师能够认识到自己不仅是知识和技能的传授者,还是学生的道德榜样。教师只有认识到自己不是教学中的权威,才能以平等的心态与学生交流,而不是以权威自居。教师公正地对待自己表现在教师要懂得维护自己的尊严,维护自己的教学权,维护自己的学术自由。

(2)体育教学的正义还建立在教师公正地认识学生、对待学生的基础之上。体育教师公正地认识学生,表现在教师能够认识到每一位学生都是具有独立人格的个体,认识到学生的个体差异,每一位学生的身体素质和运动水平不同,体育兴趣爱好也不同。体育教师,要在教学中分配给每一位学生平等的练习和展示自我的机会,给每一个学生提高自己能力的机会,在安排教学内容时,考虑不同运动水平学生的需要,尊重每一位学生的学习自主权。

(3)体育教学中的正义建立在师生共同遵守相应的规范基础之上。不管教师还是学生在教学纪律面前一律平等,无论教师和学生,都应该遵守课堂常规,才能保障教学的顺利进行,并提高教学质量。

二、高校体育教育中的自由

(一)教师的自由

体育教学是以学生为主体,以学生的发展为主要目的,保障学生的学习自由是体育教学的主要方面,但是保障教师的教学自由同样是不容忽视的。首先,教师的教学自由是发挥教师主体性的必要条件。教师作为教学活动的主导者,教师的教学积极性直接关系到教学的效果。因此,只有教师享有必要的自由,教师才能充分发挥他的主体作用。其次,教师的教学自由是教学创新的基础。教学要培养学生的创造力是时代的要求,同样教师的教学工作同样需要创新,只有不断突破旧的教学模式和教学方法,教学才可能不断地适应社会发展的需要。最后,教师的教学自由是提高教师责任感的基础。自由是责任的基础,如果一个人不自由,他所做的事情是被别人强迫的,那么他就不应该为自己的行为负责。体育教学中的教师也一样,教师为自己的教学行为负责,那么他就必须享有教学自由。因此,要想提升教师在体育教学中的责任,就必须给予教师教学自由。

(二)学生的自由

体育教学主要是通过身体活动发展学生的运动能力,只有在教学中让学生充分利用自己的身体潜能才可能促进他们的发展。所以,体育教师首先要为学生创造条件,通过选择不同的教学内容,选择适合的教学方法,给每位学生发挥他们潜能的机会,也就是从外部消除阻碍学生发挥潜能的障碍,为学生自由发挥潜能创造机会。其次,自由是培养学生创造力的根本。培养学生的创新能力是素质教育的核心,现代社会需要创新型人才。运动知识和运动技术具有开放性特征,且总是不断地发展变化的。因此,在体育教学中,教师要尊重学生对体育知识和运动技术的理解,要尊重学生的技术特点,让他们能够形成适合自己的技术风格。最后,自由是学生主动参与体育教学的重要保证。一方面,体育教学是在教师组织和指导下进行的,离开了教师的指导教学活动也就无从谈起。但是,体育教学要取得好的效果必然需要学生的亲身参与,学生只有亲身感知、体验才可能掌握多种运动技术。在这里,学生的自由指学生的自主性。另一方面,体育教学的顺利进行,离不开学生的积极性,在这里学生的自由指学生的积极性。学生参与体育教学是自由的活动,既要凭学生的兴趣,又要凭学生的意志控制。如果学生对教学活动没有兴趣,完全靠意志控制,时间长了就会失去兴趣。

三、高校体育教育中的责任

体育教学是学校教育的有机组成部分，它不能脱离教育教学而孤立存在，但是相对于整个学校教育来说，体育教学又是一个由教师和学生组成的相对独立的共同体。作为一个共同体，体育教学中的责任既具有广泛性，又具有具体性。从共同体对外部责任的角度来说，体育教学是实现国家教育目的的手段，体育教学的主体（教师和学生）要对国家、社会和对整个民族负责。从共同体的内部责任来看，体育教学内部主体之间要相互负责。教师要履行体育教育的责任，对学生负责任，认真教好体育课。学生也要对教师负责，对体育课堂负责，认真学习体育课程，掌握好体育技能，形成终身参与体育运动的习惯。具体来说，主要包括以下内容。

（一）外部责任

高校体育教学中担负着为国家培养具有健康体魄的人才的任务，是国家实施素质教育的重要组成部分，为提高青少年的体质健康服务，而青少年阶段是否形成良好的锻炼习惯，会影响以后的终身体育情况，从而影响整个民族的身体情况，因此，体育教学担负着整个国家和民族素质的大责任，是不容忽视的问题。

（二）内部责任

高校体育教学的内部责任是指作为教学主体的教师和学生之间形成的责任。其主要表现在以下方面。

1. 体育教师的自我责任

体育教师要有饱满的热情从事自己的体育教学工作，在教学活动中，注意自己的行为，注重自己的道德修养，严格要求自己的言行，自觉提高自己的业务能力和综合素质，不断完善自己，实现自己的人生价值。

2. 体育教师对学生的责任

体育教师要着力提高学生的体育技能和综合素质,科学合理地安排体育教学内容,制定教学计划,选择合适的教学方法,这些都是体育教师的基本责任。此外,由于体育课程具有一定的危险性,因此,体育教师一定要注意学生的安全,做好安全防护措施,防止伤害事故的发生。在体育教学过程中,还要关注学生的情感体验,考虑到所有学生的需要,避免学生产生消极心理,保护学生的自尊心。体育教师要努力提高学生的体育技能,并为学生终身从事体育活动打下良好的基础。

3. 学生自我的责任

学生在体育学习中,一定要努力练习,积极参加锻炼,努力提高自己的体育技能和水平,养成积极参加体育锻炼的习惯,形成终身参与体育的意识,保持自己的身心健康,为自身发展、国家发展作出应有的贡献。这是每一位学生义不容辞的责任。

四、高校体育教育中的关爱

(一)促进学生身心健康

身心健康是一个人立足于社会的根本,体育教学的主要目的也是为了学生身心的健康。

首先,体育教师要选择适合学生健康发展的教学内容。

其次,在教学过程中要随时关注学生的生理反应,随时调整运动量,要既能达到锻炼身体的目的,又不能使学生超过适宜的负荷。

再次,教师要采取周密的安全措施,体育教学容易发生意外伤害事故。具有关爱品质的体育教师会充分考虑到可能出现的意外,做好预防措施,尽量避免伤害事故的发生。

最后，避免体罚和变相体罚。

（二）关注学生个体需求

关爱学生就要关注学生个体的需求。行为主义心理学家马斯洛把人的需要分为生理需求、安全需求、归属与爱的需求、尊重需求和自我实现需求五类，并且这些需求依次由较低层次到较高层次排列。体育教学中学生的需求主要表现在归属与爱的需求、尊重需求和自我实现需求这三个层次。

首先，体育教师要营造民主的课堂氛围，确立学生的主体地位，让每一位学生感受到自己是集体中的一员。在与学生的交往过程中，教师要满怀热情，用充满感情的语言感染学生，让他们体会到教师的关爱。

其次，教师要尊重学生的自尊心，培养学生的自信心，让学生在体育教学中体验到成功的快乐。

最后，教师要充分挖掘学生的潜力，培养学生的创造力，帮助学生实现自己的学习目标。

（三）尊重学生个体差异

关爱学生要以尊重学生为前提，尤其是尊重学生的个体差异。由于先天遗传因素、家庭环境和个体经验等方面存在差异，所以学生之间运动能力和运动兴趣就会存在差异。在体育教学中，教师要在不影响大多数同学的情况下，多关心运动能力差的学生，越是身体条件差的学生越需要鼓励，让他们在运动中找到快乐和自信。教师还要考虑到不同学生的兴趣爱好，理解不同学生的情感体验。教师在选择教学内容时，要考虑不同层次学生的需要，尽量满足他们的兴趣爱好。教师要关注学生在体育课上的表现，细心观察他们的反应，从细微处让学生感受到教师的关爱。如有的学生胆子比较小，遇到学习危险动作会畏缩，教师就应该采用鼓励性的语言，而不是采取鄙视甚至是侮辱的语言。

第二节 高校体育教育的文化品格

体育实践的多重文化品格、品性赋予了体育教学实践活动的多重文化品格，体育教学的“文化品格涉入”决定了体育教学理应成为直面生命、关怀精神、走向审美、贴切地域的一种文化品格实践活动。然而，现实的学校体育教学并没有担负起这种文化品格，学校体育教学工具理性的支配下，或者在竞技体育的片面追求下，或者在应试教育的压迫下，逐渐遮蔽了体育的文化品格本质，在实践中走向偏狭。

一、体育教育“文化价值”的漠视

教育作为一种文化，即在一定的文化背景下进行，又对文化进行传承与创新。教育的过程实质上就是文化的价值判断和选择，传承与创新的过程。一般而言，教育的目标是向人们传授知识，并把人的认知导向真理。但这种观点恰恰忽略了教育活动更为重要的是一种对文化品格价值的选择。从教育与文化品格的关系来看，教育在人逐渐发展成为人的过程中产生影响，即教育对人的作用，说到底也就是文化品格对人的影响，其实质为符合人性的文化品格价值对人的影响。从教育的终极关怀来看，也是如此，即为教育是培养人的活动。对于文化品格价值的界定，采用不同的理论、标准和方法去判断则有不同的结论。因此，在提及教育的文化品格价值时，首先应把文化品格作为一种可靠的尺度，树立以人为本的理念，执着于个人和全体的共同发展，遵循本真的教育理念，坚持选择并筛选对塑造美好人生有价值的文化品格、品质，使优秀的文化品格价值得以传承和发扬，促进个体人格价值的区分和提升。

教育的真正价值是通过教学来实现的，其不仅关注群体质量的提升,也谋求个体的发展。体育教学的文化品格价值的判断与选择要以学生的价值关怀为出发点,其核心是人文关怀。体育教学的文化品格价值是在对体育文化品格进行理解的基础上以及在对教材构建的过程中完成的,并在教学活动中通过确定教学目标、选择教学方法、设置课程情境和设计评价标准等环节保障学生能够顺利参与到体育教学活动中,且受到文化品格及其价值的影响,使体育教学所含的文化品格价值逐步内化为学生个体的本质特征,并再外化为行为。

现阶段,我国体育教育普遍形成了一种偏重技能的教学方式,教学内容中忽视了体育的文化品格内涵和文化品格价值,将体育作为一种单纯的技术性学科。当前,许多学校的校园体育文化品格建设严重滞后;校内体育场所、器械较少,体育活动单一枯燥甚至贫乏;对体育文化品格的深度挖掘欠缺,对体育与社会发展过程中的体育文化品格价值的重要性认识不足,且相关研究更是鲜有。随着时代和社会的发展,体育教学的文化品格价值已成为体育对个体人格价值的区分和提升的重要影响因素,同时它也因此成为体育教育实现内涵式发展和可持续发展的重要推动力。

二、边缘化的尴尬:工具理性与价值理性的分裂

体育教学的边缘化早已成为各个学校体育教育的合理性“危机”,其根本就是人们对体育教育的认同危机。这主要是由体育教学滞后于时代的进步和教育的发展所造成的,具体表现为:伴随着中国社会转型和社会主义市场经济体制的建立,经济建设、经济发展作为社会中心地位的确立,体育在学校教育中的地位本来就由于传统文化品格的影响及其在中国发展的起步较晚等原因不被重视,现在更是由于其在社会经济发展中的价值和在以科学主义教育为中心的学校教育中的价值不被认同,地位更加不稳固,更加偏离原来所处的教育中的位置。改革开放以来,以经济发展为中心带来的世俗化和务实的倾向客观上使得体育教学出

现了被边缘化的危险，对体育的关注更多地局限于金牌的政治效应和体育产业的经济效益，而在学校教育领域的体育教学中，在“培养全面发展的人和身心健康的人”的空洞口号下，家长和学生对于体育教学的认识仍然停留在生理性价值的认同阶段，学校则对于体育教育更是处于应付状态，表面上按照国家的要求进行正常的体育教学，但同音乐、美术等边缘性学科一样，面临着一种“说起来重要，做起来次要，忙起来不要”的窘境，此时的体育教学也就成为一种务虚不务实的存在。

尽管近年来人们的体育观念正在发生着巨大变化，但在学校教育中，体育教学并没有获得应有的地位和价值体现。其实，体育教学在某种程度上被边缘化的“尴尬”，实际上为体育教学的工具理性与价值理性的分裂。马克斯·韦伯曾把理性区分为工具理性和价值理性，他指出，所谓工具理性是基于目的的合理性，是指对实现目的所运用的手段评估，预测由此可能产生的后果，并在此基础上追求预定的目的。它把功利目的、效用视为唯一目的，不问人生意义，漠视人的内心情感、精神价值和生命感受。所谓价值理性指的是一种信念和理想的合理性，价值理性受理想、信仰等因素所驱动，且实现这种理想和信念的手段也必须是符合价值的。体育教学的工具理性一旦僭越、甚至取代价值理性，就会打破两者之间的均衡，成为体育教学实践中绝对的工具理性主义，其教学文化品格的整体性将被彻底摧毁。体育教学就会因文化品格价值导向的偏差而导致教学实践的背离，其培养全人发展的目标就会落空。工具理性下的体育教育拉大了“身”与“心”的距离，把体育教育推向另一个传统——竞技体育传统。竞技导向的体育教育将欢快变作乏味，玩闹变作苦役，娱乐变成工作。

在工具理性主义的教学图景中，教学世界成为外在于人并由人控制、支配和占有的对象世界，人与教学世界的一体性关系不复存在，人与自身的教学世界分裂了，并陷入一种尖锐的对立状态中。在由工具理性所支配的占有意识中，教学世界只是在功利的意义上被理解，人的教学世界变成了“物的世界”。教学世界所具有的完整性和统一性被破坏了，教学世界对人所具有的人文意蕴和精神价值被遮蔽了，教学世界对人所具有的归属感、亲切感和美感被窒息了，教学世界所具有的鲜活性和丰富性被抽象和蒸发掉了，在绝对工具理性支配下的中学体育教学，价值理性异化，文化品格精神萎靡，学生机械性地接受、记忆和再现知识，阻碍了学生幸福生存目标的实现，从而造成人的实体存在和精神存在的双重危机。杜威曾说："对于造成严重灾难的二元分离传统，特别是'身一心'二元这一主题，我一无所知。"

三、现实下的没落：理想之维与现实之维的偏离

近年来，我国的竞技体育事业取得了巨大的成功，并逐步在向竞技体育强国行进。然而，学校体育却没有因为奥运会的成功举办和全民健身的推广热潮而有太大的改观。通过权威调查显示，学生对于奥运会等赛事的关注一般只集中在金牌的数目变化上，并认为赛事更多地体现在政治和经济意义上，而这些对于学生个人的体育价值观的改变基本没有任何影响，特别是对于面临升学压力的他们更是无暇顾及体育，这对体育教师来说不得不说是一个沉重的打击。经过大学专业教育的体育教师，怀揣着体育教育的梦想投入到体育教学中，希望通过体育教学实现人生理想，在享受教师的生命历程中实现体育教育文化品格价值的重要意义。但现实中，体育教学的现实与理想差距甚远，体育教师的理想成为现实基础薄弱的抽象"乌托邦"，而体育教师深知社会对于价值的认同和评判，当身处现实中时不免陷入了较大的失落感中，致使体育教学的理想和现实处于两"离"状态。这与我国传统文化品格观念、教育体制现实以及体育教学改革发展本身有关。此外，繁重的体育教学任务和巨大的精神压力使体育教师感受不到职业的快乐，在强大的现实面前学会了甘于平庸、安于现状。

体育教学本质上是人学，理应爱人、关怀人，关注学生的身心

发展。但是,由于体育教学在实践操作中缺乏文化品格内涵,导致其功能单一,思想僵化贫乏,现实与理想的断裂使得务实与功利取代了理想的追求,教师缺乏教学的动力,经验便成为他们唯一的教学资本,殊不知体育教学的丰富意蕴源自于师生生活,教学只有扎根于教学生活世界并反哺成长才能彰显其存在的价值。体育教学理想与现实的背离,是因为其教学中存在脱离生活,难以适应生活需要的问题。长期以来,在学校教学中,往往注重为学生的未来生活做"准备",关注教师的教,忽视学生的学;重视知识的传递,忽视能力的培养,忽视学生学习中的非智力因素;在教学内容上强调知识体系的逻辑性、科学性,存在"难、繁、偏、旧"和过于注重书本知识的传授;教学过程中压抑学生的个性,扼杀了学生的好奇心、创造力。体育教学严重脱离学生的生活,成为线性活动,强调教师经过精心的安排和组织,"将标准路线具化为有严密逻辑性的小步子和一系列琐碎而有上下联系的问题,给学生预设了一个狭小而又前后相继的思维空间,最终通过标准化的认识路线达到预定的认识效应。学生学习的过程被极大地简化,变成教师可以预先设计并精确操纵的程序"。这种线性的体育机械式教学方式容易压制人性,使体育教学从文化品格价值的实现到学生意识的培养形成了衰微式的恶性循环,体育教学与人的紧张关系也出现了逆反的现象。

四、科技中的迷失:技术产品对体育文化的挤压

现代中国学生从小就开始面临着多元和冲突的价值观念,受到来自外界的精神生活秩序与道德秩序影响。家长为了他们能应对将来的激烈竞争而把他们安排到各种学习班进行学习,对于孩子喜欢的体育游戏和运动,却将其视作影响学习的活动,即便某些家长选择体育培训班也是为了学生以后在升学考试中增加获胜的砝码,而并没有认识到体育在学生成长教育中的价值。在学校体育教学中开设体育课,只是生物性价值的体现,并没有体

现体育丰富的文化品格内涵和文化品格品性，而理应缓冲和降低人们的生存压力，关照人的生命质量，提升人的身体和精神的综合能力。综上所述，体育教学对学生的教育能力仍然停留在一般性的宣传教育状态，停留在教师的课堂训诫和传输上，体现在教案和课程标准上，面对文化品格转型，体育教学的实践教育感召力虚弱乏力。当前，我国大部分地区的体育教学仍处于低水平、无效益、无激情、无创新的循环状态，且学生抱着玩乐心态进行体育活动。由此可见，体育教学的文化品格价值并没有随着文化品格转型和社会的发展而发生根本性的转变。

自近代以来西方发展起来的理性主义文化品格，其实质是一种以技术理性为中心，偏重科技文化品格的文化品格形态，它以精神文化品格结构中的科技文化品格对人文文化品格的强势挤压、科技文化品格与人文文化品格的分离为特征，科学主义成为社会文化品格与教育文化品格发展的主流价值追求。现代社会科学主义的盛行，使人们迷信科学文化品格而贬抑人文文化品格，人们把前者称为“硬科学”，后者被称为“软科学”。这种划分实质上是在人们心中进行的价值排序，体育作为人文社会科学即“软科学”，在当前社会中自然要被挤压甚至边缘化。科技文化品格与人文文化品格的相互挤压以及其价值辩论在学校教育领域造成了巨大的障碍，具体体现为：体育在社会经济发展中地位衰微，科学教育仍是人们学习的重点。虽然，现在体育教学提倡科技文化品格与人文文化品格并重，但是在快速发展的现代文化品格环境中，希冀人们在追求科技真理的同时，也注重追求人文素质的提高，这将是一个艰难的命题。值得一提的是，随着学校开始注重“通识教育”的开展，艺术、历史等人文学科受到人们的特别关注，但是对于体育的通识教育作用研究尚缺，对体育教学的生命品性、精神品性、美学品性和民族品性缺乏充分的认识，使体育教学“文化品格价值”的实现陷入了困境。

第三节　高校体育教育的文化育人机制

高校体育教育中要对学生进行育人管理，这是一种文化上的育人机制。其主要包括以下几个方面。

一、强调引导教育的精神育人

在体育教学的课堂中，专制式的课堂管理尤为盛行，教师在教学中采用“灌输式”的教学方法，强制学生“要做什么、不能做什么”，一旦学生违反了教师已有的本意，就会受到严厉的批评，甚至体罚，这样的专制式管理方式无疑压抑了教学的自由，禁锢了学生的个性发展。体育教学文化需通过精神育人来实现教学的目标与内容，而不是运用强制的灌输手段迫使学生接受已有的教学知识，因此体育教学精神育人机制要通过引导教育来实现精神层面的育人。引导教育的实质是顺应学生身体发展的规律，采用民主的管理方式引导学生“应该做什么、不应该做什么”，如孔子所言“不愤不启，不悱不发”，并通过引导的作用开阔学生的精神世界，拓展学生的精神视野，熏陶、浸润学生的思想和行为，促使学生形成健全的人格。体育教学文化一般会通过引导教育的四种方式来达到精神育人的效果，这四种方式既迎合了体育教学的教育教学规律，又符合了学生的身心发展规律。具体方式如下。

（一）兴趣爱好的引导

每一位学生都是独一无二的个体，他们会对大千世界的万事万物产生兴趣，如在体育运动方面，有些学生喜欢武术的形神兼备，有些学生喜欢足球的酣畅淋漓，还有些学生喜欢乒乓球的灵巧自如。同时，不同的学生对同一体育运动的喜爱程度也有所不同，因此体育教师应广泛地了解每一位学生的兴趣点，并根据学生兴趣点的高低引导他们选择自己感兴趣、适合自己的体育运动。

（二）情感方式的引导

学生是有感情的人，不是没有情感的物品，不能像工业生产一样来生产学生。通常情况下学生倾向于追随与他们产生情感共鸣的人或事物，比如有些学生非常喜欢某位篮球明星，当教师在谈及这位明星的相关事项时，学生就会异常激动、兴奋，教师就应抓住这个时机，引导学生的情感从了解篮球发展转为喜爱篮球，进而升华为以篮球为乐趣，运用孔子所言的三种学习境界“知之者不如好之者，好之者不如乐之者”，实现教师教学中对学生的积极引导。

（三）心理素质的引导

不同的学科有不同的教学方式，体育学科与其他学科相比的最大特点在于更注重学生身体练习的实践活动。因此，在体育教学中教师更关注学生肢体的协调性及动作的规范性，这会导致有些不擅长运动的学生对教师的严厉要求产生心理恐惧，甚至惧怕体育课堂，如有些学生在学习健美操时，四肢显得特别僵硬，很多连贯性动作都无法完成。对于有着类似情况的学生，教师应该主动与学生沟通交流，了解学生对于某项体育运动的真实想法，把握学生的心理，引导学生克服心理障碍，选择适合自己的体育项目，并通过多次练习达到基本的教学要求。

（四）合理评价的引导

中小学阶段的学生在自我认知、自我概念等心理方面逐渐发展，他们的自尊心也越来越强，教师的一个动作、一个眼神、一句鼓励的话、一个严厉的表情都可以让学生一整天坐立不安。因此体育教师在教学中要正确地评价学生，多些鼓励表扬，少些讥讽嘲笑，保护好学生的自尊心，保持学生精神世界的良好发展，引导学生正确地认识自己,合理地评估自己,让学生在快乐学习中建立自信心,为学生健全人格的塑造奠定基础。

二、注重渗透教育的环境育人

著名学者涂又光先生曾提出“泡菜理论”,他通俗地将大学教育比作泡菜,认为“大学育人就好像用泡菜缸腌制泡菜,泡菜缸里有什么味道的泡菜汁,就会泡出什么味道的泡菜。”“泡菜理论”简明扼要地说明了“有什么样的教育环境,就会培育出什么样的人”,环境就像一个大染缸,将进入染缸的人染成不同的颜色。体育教学文化的育人环境需要遵循渗透教育的原则,通过创造出良好的校园环境,寓教学于无形之中,合理、有效地利用环境的渗透功能将学校的理念与灵魂传递给学生。其主要包括以下几个方面。

(一)渗透教育的主体性原则

学生在体育教学过程中居于主体地位,他们会在无意识中适应所在的环境,一方面通过同化作用利用已有的知识结构来整合、内化新的知识;另一方面通过顺应作用改变已有的知识结构以满足知识发展的需要。因此,教师要通过体育教学文化塑造适合学生的物质环境,引导学生根据自身的接受能力自由地选择可内化的教学内容,让学生更多地去进行有意义的发现学习。

(二)渗透教育的发展性原则

学生是发展中的人,他们每天都在发生着变化,不管是心理的还是生理的,学习中的还是生活中的。学生的每一个细微的改变都与教师的教学活动紧密相关,因此教师要掌握学生在不同时期的发展规律,通过教学文化来为学生营造富足的精神环境,拓宽学生的精神视野,让学生在潜移默化的文化渗透中感受教学环境带来的精神享受。

（三）渗透教育的全面性原则

培养全面和谐发展的人是学校教育的宗旨，体育教学作为学校教育的组成部分要始终以培养全面发展的人为核心，既关注全体学生的综合发展，又重视每位学生的个性发展，创造出适宜的环境氛围，为不同的学生提供形态各异的时空环境，促进学生的全面和谐发展。

（四）渗透教育的互补原则

渗透教育是教育教学中的一种手段，但它并不是唯一的、不可或缺的方式，它需要与其他的教学手段相结合，共同促进体育教学文化的渗透，创设出充分发挥教学文化渗透作用的环境，为环境育人功能的实现提供条件。体育教学文化育人的过程中要遵循渗透教育的原则，通过物质环境、精神环境、制度环境等方面彰显出的文化要素，在无形中浸润每一个学生，引领学生形成合理的价值观与人生观，促进学生健全人格的形成。

三、强化激励教育的制度育人

制度的核心理念不在于控制，而是通过制度的引导、规范、陶冶等功能发挥育人的作用，把学生培育成德智体美劳全面发展的人。目前，体育教学中经常会出现“制度管人”“制度制人”的现象，一般表现为教师会以“学生安全”为名义，“禁止”“严禁”“不准”学生做某件事情或某项运动，导致体育教学中形成严厉的刚性制度，阻碍了学生身体和心理的自由发展。因此，制度育人要以学生为主，采用激励教育的方式，摆脱传统的束缚，让制度在潜移默化中发挥其引导与规范的育人功能。

（一）表扬与批评的激励教学法

表扬激励又称为正面激励，一般表现为教师在体育教学中采用口头表扬、物质奖励等对学生的行为表现给予认同与赞赏，能够加强学生的参与意识，提高学生的学习热情，从而拉近学生与教师的距离，形成良好的师生关系。体育教学中表扬激励法的运用通常会发生在两个时机：一是教师发现学生在某方面做得出色或在某些方面有闪光点时，教师对学生提出表扬，这种表扬可以是单独表扬，也可以是在全体学生面前提出表扬；二是当教学活动中需要为全体树立榜样时，教师会选择表现较好的学生进行单独表扬或群体表扬，这种表扬通常是面向全体学生提出对某一部分学生的表扬。批评激励与表扬激励相对，主要表现为教师采用“激将法”从反面激励学生勇于挑战、战胜困难、超越自我，这种激励对不同的学生要因人而异，特别是对有些心理承受力较低的学生要格外注意，这时一般会采用温和的语气、和蔼的态度与学生进行积极的沟通，从正面促进学生拼搏向上的运动精神。

（二）成功与挫折的激励教学法

体验成功会让学生更充分地享受体育运动的快乐，成功激励的目的就在于通过教师创设的有利条件帮助学生获得体育活动中的成功经历，让学生感受到运动的乐趣，引发学生继续学习的兴趣。教师在为学生创造成功的环境时，要根据学生自身的特点选择不同的成功目标，如羽毛球运动中，教师可以以学生对打的个数作为成功的标准，也可以将学生在打球过程中所表现出来的打球技巧作为评判标准。挫折激励是与成功激励相对应的激励方法，它是指在体育教学实践过程中，教师正确对待学生遭受的挫折，且对挫折在学生心理上延续的时间和强度加以调控，因势利导，把消极因素转化为积极因素，从而提高学生的心理素质。教师在运用挫折激励法时要了解学生的具体情况，把握分寸和尺度，不能盲目地为学生设置障碍，以防学生陷入困难中无法自拔，导致挫折激励演化为挫折催化，挫败学生的勇气和自信心。

四、重视人文教育的情感育人

情感育人机制作为一种新型的教育管理机制和管理范式，引起了越来越多的教育机构和教育管理者的重视和关注。情感育人在现代学校管理与教学中的应用日益广泛，它主要表现为教师以饱满的热情、真挚的情感投入到教育教学中，在服务学生、引导学生、教育学生的过程之中，与学生达成一致的情感共鸣，激励学生去做应该做的事情，通过学生的积极反应与参与来完成教学目标。一般而言，这种育人方法通常采用人文教育的途径来实现育人的成效，利用情感依托的人文关怀来完善教育教学的过程。因此，体育教学中以人文教育为手段构建的情感育人机制更容易使教师尊重学生的本性，更好地去对待学生、理解学生、关怀学生。

第四节　高校体育教育人文价值的回归诉求研究

一、重拾体育教育的文化意蕴

（一）从人文特征层面推进体育教育人文价值的回归

1. 以体育教育活动自身游戏性与自由性魅力彰显推动行为文化与生命文化的有效结合

活动的游戏性与自由性聚焦于体育教学活动的娱乐性魅力，正如斯宾塞认为的，高等动物在有生之余尚有精力之时，会倾向于做一些看起来无用的运动，而这些运动就是游戏。因而，对于高等动物而言，时间和精力并未完全被用于满足直接需求。每个具有智力的生物都服从这一规律,即当它的器官停止活动的间隙比通常时间长时,就变得格外易于活动。故当环境准许模仿时,对器官活动的模仿也就轻而易举地代替了真正的活动。体育教学活动的游戏性与自由性具有内在的相关性,在通常情况下,游戏性与自由性是体育教学活动特性的同一表征,“游戏的前主义特征,即游戏是自愿,是事实上的自由。”体育活动的游戏性与自由性相结合,不仅是一次美好的身体体验,也是一种生命的愉悦感悟。因而,通过体育教学活动使学生充分释放出自身的一系列多余的精力,抑或一些负面的情绪,通过体力的消耗,达到身心的完美结合,从而引领他们领悟生命的完整性。这也是体育文化的魅力之所在,能够有效推进行为文化与生命文化的有机结合,从而体现体育文化自身的生命力与体育文化主体生命的律动性。

2. 以体育教学活动促成体育精神生成与创造,从而推动精神文化与身体文化的有效链接

体育教学对学生内隐精神世界的塑造是体育教学文化显现的又一重要标志。体育与精神、意识密不可分,体育教学不仅要塑身,更重要的是要塑心,如舞蹈练习中,既要保持身体的重要性,更要重视在优美的音乐下翩翩起舞的情感体验,又如,近几年来流行的运动——瑜伽,在进行身体运动的同时,还配置与之相匹配的音乐,达到运动与精神的提升,是灵魂和身体合一的一种锻炼。体育锻炼在强壮人们身体机能的同时,逐渐也在精神层面上丰富人们的精神世界。通过精神的进一步满足,达到进一步激发人们创造力、潜力的效果,当然精神层面上的提升,相对于身体层面上的提升来说,效果性来得更加滞后一点,这也是一个内隐的不太为人们所正面关注的方面。通过体育教学活动实现对学生身体的锻炼与塑造,使学生身体机能提升的同时也能切实感受到体育精神所带来的精神愉悦体验。

(二)从文化形态层面推进体育教育人文价值的回归

从文化形态层面来看,体育教学中文化意蕴表现为群体的活动性、系统的开放性及知识的默会性三个方面的文化形态,因而从文化形态层面推进体育教育人文价值的回归主要可以从以下几方面着手。

1.以精心组织的体育活动催生群体间交流合作的文化意蕴

群体的活动性是体育教学活动的主要文化品格,其表明了体育教学是学生以活动的方式进行的体育学习,同时文化意义上的体育教学强调群体之间的交流与合作。美国文化学家克伯罗和克拉克洪认为文化体系既是活动的产物,又是进一步活动的决定因素。因而,通过精心地组织有意义的体育教育活动,从而促成学生群体之间的有效交流与合作,也能在一定层面上推进学生群体间体育文化意义的形成。

2.以体育教学为载体助推体育文化的广泛传承

系统的开放性体现了体育教学活动中文化传承、文化传播、文化传递的重要作用,文化传承具有承前启后的功能,它能够促进体育教学与社会生活、现代体育的动态连接;文化传播具有增殖活化的意义,它能够推动文化的产生、扩展与延伸;文化传递能够加强整体效能的充分发挥,维系纵向知识系与横向方法系之间的有效联结,因而在体育教学中应借助教学活动本身所具有的文化传播载体作用,有效地发挥体育教学的显性和隐性资源的文化催生和缔结力,使体育教学在实现学生技能获得的同时,又能超越技能本身的技术理性而实现体育知识与体育精神文化的传播、传递与传承。

3.注重体育教学在实现显性与缄默知识的通达中促进体育科学与体育人文的相通

知识的默会性表现了体育教学中学生对缄默知识的领悟与

意会。在体育教学中不仅需要强调科学知识层面的显性传播，还要注重体育活动在缄默知识上的隐性传递。因而，教师在体育教学中要注重显性与缄默知识在体育教学和体育活动之间的隐性沟通，从而使学生在知识的获取过程中无形地受到体育教学文化的熏陶与感染，从而在非言传意会认知层面实现科学与人文的相通。

教学是对心灵的一种灌溉，更是对其所在文化的一种理解。体育教学通过外显的动作表现，内隐的文化传播，提升学习者在体育中的精神文化品位，领会生命文化的价值，实践行动文化的动向，是集生命、行动、精神、民族、审美文化（“五位一体”）于一身的综合性教学。虽然在实际教学中，教育者在行动中很少提及，但“五位一体”的文化已经深入到体育教学中，反观体育教学的教学目标、实践取向等，都不难捕捉其文化意蕴。

二、调适体育教育的文化价值冲突

（一）协调传统文化与西方文化在体育理念上的冲突

中国传统文化与西方文化的迥异，从而形成了东西方体育教学理念的差异，导致现代体育的课堂教学理念不仅缺乏东方的传统文化和有关养生观念，而且也缺乏西方的有关人文观念，因此无法使东西方的优秀文化得以继承与弘扬。所以，体育教学在理念的提炼与升华中首先应认同东方文化的存在，汲取东方文明中的优秀成果，并批判性地审视传统文化中的精华与糟粕，保持本国已有文化的独特文明形态，在不丧失本民族独有价值理念的同时审慎对待西方文明的冲击，积极谋求东西方文化之间的文化交点，解决文化价值的差异与冲突问题，实现体育教学文化在中国传统文化的人文精粹与西方实用主义技能技术强调中的有效结合，但又不拘泥于任何一种文化形式，实现技术理性与人文理性的有机结合。

（二）平衡个人取向与社会取向在体育价值上的冲突

总体来讲，体育是教育的组成部分。近代以来形成的不同体育教学价值理念与相应的体育教学目的中，首先是对教育影响最为普遍、最为深刻的“个人本位”和“社会本位”的教育价值观念及相应教育目的取向。个人本位与社会本位的教育价值观念引发了个人取向与社会取向的体育教学理念之间的冲突，导致了两种取向在不同程度或不同层面上产生的矛盾不可调和。不管是个人取向还是社会取向，最终的落脚点是“人”，因为教育是一个“物化”至“人化”的过程，这个“人化”过程要求一定要关怀人、由人的方式对待人，文化是由人所产生的产物，在本质上也是人的自我体现和需求反映。教师和学生作为体育教学中的人，含有文化实现的需要，因此在体育教学中接受知识和行动传递的学生会成为两种冲突取向的焦点与切入点。所以，体育教学应以学生为本，“以学定教”“以学立教”“以学促教”，共同实现社会与个人的双重取向。①

（三）调和生物性价值与社会性价值在体育教学中的冲突

体育教学的生物性价值表现为生理层面，如学生的运动强度、运动速度、心率变化等，主要关注学生生理方面的指标问题。社会性价值则表现为心理层面和社会层面，关照的是学生的心理健康、社会发展、体育精神的培养等方面，这些方面往往隐匿于体育教学活动中，不易观察与量化，通常不计入体育教学的考核范围之内，致使体育教学只重指标体系不重情感培养的畸形发展。因此，现代体育教学要从生物性价值逐渐转向社会性价值，在提高学生的运动能力与体能的同时，增强学生对体育锻炼的愉悦体验，满足学生对“快乐体育”与“终身体育”的追求，为学生的终身发展奠定良好的健康基础与心理能力。

① 张丽荣等．体育教学的价值回归探索［M］．北京：中国纺织出版社，2017.

三、扩展多元文化渗透的体育教学评价内容

由于受到体育“技术技能观”的影响,体育教学的评价过于注重成绩的量化方面,忽略了表现性评价的内容,只重视通过体育知识、技能等方面的传授获得较高的体育成绩,不重视体育运动中学生情感、态度、心理素质及意志品质的培养。传统体育教学评价的弊端在于比较关注体育知识、技术的掌握程度,而忽视对体育能力、价值观的综合评价。

当前的体育课堂教学评价活动中,体育课堂教学的多元文化品性必然要求现代的体育课堂教学评价要相应地从孤立强调体育学科知识、动作技能的学习与体育素质的训练转向知、情、意、行等全面发展的综合评价追求,进而才能绽放与彰显出体育课堂教学里生命文化、民族文化、精神文化以及行为文化与审美文化的本真光彩。因此,体育教学内容应保持多元化、多样化的评价,具体包括以下两个方面。

一方面要考核学生对于体育知识的掌握情况,体育技能的练习状况,并对体育教学的知识与技能进行量化评价。

另一方面,还要关注学生群体与个体在体育课堂教学进程中对学习技能方法的掌握,以及注重学生对体育学习情感、态度、价值观与学习习惯的具备与养成,考查学生在智力、年龄、心理素质等方面的个体差异。因此要重视体育学习态度和情感等心理因素对学生未来发展的重要影响,对体育教学中学生所表现出来的隐性活动进行实质性评价。

第四章　大学生体育教育中人文精神的缺失与培养

随着社会对人性教育的关注，高校体育教育也逐渐呈现出独特的人文色彩。在这样的背景下，体育教育如何承担培养学生人文精神的责任，如何提高学生的人文素养，已成为我国体育教育研究的一个热点方向。本章主要从人性培育的角度入手，探讨在高校体育教育中对大学生人文精神的培养，具体内容包括高校体育教育中开展人文教育的现状、高校体育学生的人文素质现状、高校人文精神教育存在的主要问题、高校体育教育中人文精神培养的基础理论及路径。

第一节　高校体育教育中开展人文教育的现状分析

一、学校通过多种途径开展人文素质教育

首先，高校近几年增加了人文素质教育课程的课时，在运动训练专业、体育教育专业、民族传统体育专业增设了语文课，以此来改善体育类专业学生文化知识薄弱的现状。同时，高校也逐步增加了人文素质选修课，尽量为学生提供多样化选择。

其次，一些高校开展了人文素质讲座和论坛活动，邀请知名学者、专家定期进行人文素质类讲座，扩大学生的知识面，培养学生的兴趣。

最后，高校还通过举办主持人风采大赛、舞蹈大赛、相声小品

大赛、书画作品大赛等活动使文化知识传输与创新活动并行，从而通过多种途径来提高学生的文化素质。

二、将人文素质教育融入校园环境建设中，环境育人颇具特色

独具特色的校园环境是一部丰富多彩的、立体的、富有吸引力的教科书，有助于大学生陶冶情操、激发灵感、启迪心智、净化心灵，有助于潜移默化地提高学生的人文素质水平。校园建筑是智慧的浓缩、传统的凝聚、文化的凝固，高校应注重将体育与文化的因素蕴含在校园环境之中，彰显特色。校园内随处可见的体育雕塑既增加了校园的美感，彰显了独具特色的体育韵味，又促进了在校大学生对体育知识的了解，加深了学生对独特的体育文化的认同感，这对学生人文素质的培养是一种有效熏陶。

三、人文素质教育类课程比例偏低，课时不足

大部分体育院校以体育教育为主，人文社科教育相对薄弱。在课程设置方面，人文必修课程内容不多。而在日本、美国等发达国家，高校的人文素质教育课程已达到所有课程的30%左右，而我国高校的人文素质教育课程只有20%左右。人文素质教育课程学时不足，不能满足学生的需要。

虽然近年来一些高校增设了一部分人文类的课程，但是依然不能满足学生的多样化需求，无论从开课的数量上，还是从师资队伍建设的数量上，都与在校大学生的成才需要存在着一定的差距。总的来说，在学生选修课方面，关于体育基础知识扩展与深入类的课程仍然是主要组成部分，短时间内很难改变人文素质教育类课程比例偏低、课时不足的现状。

第二节　高校体育学生的人文素质现状

一、人文科学知识匮乏，体育类人文知识熟悉度高

人文科学知识是指人们应该掌握的文学、语言学、历史学、艺术学、人类学、政治学、宗教学、理论学、民俗学、社会学、哲学等人文科学方面的知识，其核心是文、史、社、哲方面的知识。调查发现，高校体育学生的传统文化知识较为匮乏，对经济学知识、法律知识也了解甚少，但对体育专业知识非常熟悉。

二、精神状态良好，个别学生价值导向存在偏颇

人文精神就是把对人的文化世界与文化生命的肯定贯注于人的价值取向，从而形成一种关注人生真谛和人类命运的理性态度，具体表现为世界观和价值观。调查发现，绝大多数大学生的人生目标明确，但是依然有近30%的学生对未来感到迷茫。受市场经济和社会因素等多方面的影响，一部分大学生的价值导向出现了混乱的迹象，如拜金主义、急功近利，这在一定程度上反映了人文素质在当代大学生中流失的现象。

总体上，当代大学生所表现出的精神状态是积极向上的，他们注重自我价值发展，思想开放，勇于开拓，勇于竞争，能够自觉地培养和发展健康的人格。但部分大学生面对多元化的世界，缺乏价值判断和选择能力，表现出人文精神与人格的偏颇，这引起了学校的高度重视。

三、文化修养有待提升

文化修养是一个长期积累的过程，不是一蹴而成的。一般而言，文化修养包括良好的读书习惯、语言文字修养、文学修养、伦理道德修养、艺术修养等。去图书馆的频率、去图书馆阅读什么书籍直接关系到大学生的文化修养。[①]调查发现，大学生去图书馆的频率和专业有关，体育专业的学生去图书馆的频率总体要比其他专业学科的大学生低。而且大学生去图书馆读书，很少选择与人文相关的书籍，大部分是选择和考试或就业有关的书籍。学校对此要高度重视，克制学生学习的功利化倾向。

了解大学生通过何种渠道获取人文社会科学知识，对于高校加强人文素质教育具有导向性作用。调查发现，除正规课堂教育外，网络是大学生获取人文社科知识的重要渠道，其后依次是图书、报纸、电视、讲座、广播、参加展览。值得一提的是，选择其他选项如手机报、微博等新兴媒体手段的学生也占有一定的比例，可见随着科技的发展，新兴媒体逐渐成为大学生获取人文知识的又一渠道。

第三节　高校人文精神教育存在的主要问题

尽管我国高校在人文精神教育上已经做出种种努力，但在当前市场经济飞速发展的影响下，在高等教育逐渐进入大众化和普及化的初始阶段，功利主义过强仍然是一个不小的误区，教育改革的步伐相对落后，影响了大学生人文素质的培养。大学生人文素养的现状依然不能令人乐观。究其原因，高校人文精神教育偏失是一个很重要的方面。具体而言，当前高校人文精神教育存在的问题主要有以下几个方面。

① 王禹霖．吉林省体育院校学生人文素质现状调查研究[D]．延边大学，2013.

一、传统的专业教育体制限制了高校人文教育的空间

人们一直以来强调高等教育和基础教育之间的差别，因此将专业教育当作高等教育的本质特征，为学生的就业做准备成了高等教育唯一的目标，而“以专业为中心，以行业为目标”自然就成了高等教育人才培养模式的唯一选择。而当毕业生就业率成为评价高校办学质量的重要指标时，也就不可避免地出现了人才培养的功利化取向。专业对口实用人才培养成了高等学校办学的重要乃至唯一的关注点。在这样的人才培养模式中，人文精神教育的空间受到了极大的限制，以至于加强人文精神教育也就成了一句空洞的口号。①

高校学生人文素养不高与高校的人才培养模式难辞其咎。高等学校过度关注专业性的人才培养模式导致了基础教育中科学教育与人文教育的分离，中学阶段的文理分科就是最为明显的表现。基础教育阶段过早的文理分科导致学生的综合素质结构产生了明显的缺陷，这反过来又极大地限制了高校人文精神教育的成效。

二、人文精神教育的知识化、科学化倾向

唯科学主义占据了教育的主流，这不仅挤压了人文教育的生存空间，而且使得一直以来独立存在且作为教育主题内容的人文学科失去了自信，拼命去追求自身的科学化，追求“人文科学”之名，结果沦落到只有栖身于社会科学才能生存的地步。仅存的大学人文精神教育不仅被专业性、应用性挤压到了一个狭小的空间里，而且往往为占据大学教育主流的唯理性教学模式所支配，体现出明显的知识化、科学化倾向。最典型的就是将人文精神等同于人文知识加以传授，将人文素养等同于人文学科的知识积累。

① 王树宁．北京体育大学学生人文素质教育研究[D].北京体育大学，2012.

而在进行人文知识精神教育时又往往秉持这一种客观主义的知识观，将这些知识看成完全独立于个体、独立于情境的真理。于是强调知识的系统性、逻辑性的人文精神教育教材或者人文知识读本大行其道；人文知识则被量化，且用标准化试题形式进行测试，教学过程被简化为知识的传授，采用唯理性主义的程式化的教学模式。显然，在这样的人文精神教育中，学生获得的不过是一些概念、知识，而很难形成人文精神。如果没有真切的体验与感悟，那么所谓的人文知识只能是一套僵死的符号，就不可能有真正的人文精神的培养。换言之，用科学教育的方式来实施人文精神教育，是不可能形成真正的人文素养的。这并非是对科学的否定，也不是要将科学教育和人文精神的教育对立起来。

实际上，科学教育是具有人文精神教育的功效的，因为真正的科学是与人文紧密联系的。真正的科学精神蕴涵着深厚的人文价值；真正的科学教育有助于科学精神的养成，而科学精神就是人文精神中最核心的部分。然而，学校科学教育只是贩卖知识，教师对学生的责任只是转运知识，传达科学的结论，而学生并不理解这些结论是如何得来的，这容易导致学生养成独断的习惯，这并不是学校实施科学教育希望看到的结果。一些学者对科学教育的描述与当前的教育状况相符，这既是科学教育的悲哀，同时也是人文教育的悲哀。

三、人文精神教育的意识形态化倾向

历史上教育一直被赋予“教化”的功能，我国教育中的意识形态化倾向就较为明显。人文教育中，文史哲的首要关怀都在于政治或意识形态，意识形态标准成了价值判断的唯一标准，而对人、人的生命与生活、人性、人的价值的关怀退居其次。比如在文学中，“道”取代了“文”本身，思想教育成了文学教育的核心，人文性却成了可有可无的东西。这样的人文教育只能使人的心灵变得越来越简单、狭隘,甚至变得教条、刻板,因此其本质上是反人文的。[①]

四、人文精神教育的工具化倾向

当前很多人强调的高校人文精神教育,更多的是以社会发展对人才需要为出发点的,或者说更多是从功利角度谈人文精神教育的价值。在这种情况下,人文精神教育就被工具化了,也就是说,人文精神教育被当作了获得某种功利目的的手段。但是,当我们只关注人文精神教育的工具价值的时候,人文精神教育注定是要失败的,因为相对于应用性、实用性的专业课程,人文类课程的工具价值明显是不足的,很难得到承受较大就业压力的学生们的欢迎和认可。而且更重要的是,人文精神教育本身就具有目的价值,追求人文精神教育的工具价值完全是本末倒置。人之所以为人,就是因为人文精神。无论是个体意义上的人,还是群体意义上的人,缺少了人文精神,或者离开了人文精神,就很难称之为人。就此而言,人文教育或者人文精神的培养,本身就是目标。

在当前高校人文精神教育一定程度上存在科学化、知识化、意识形态化、工具化倾向的背景下,人们为高校人文精神教育所做的努力也存在诸多偏失。其主要表现为:学校只是在部分环节上侧重和加强,在整体格局上缺乏系统而长远的考虑,补缺意识突出但总体规划不足,因而很难从根本上改变人们固有的观念及习惯的思维模式,难以全面调动全体教师的积极性、主动性和创造精神,也难以激发学生不断追求更高的科学文化品位、更高的整体素质和科学与人文精神统一融合的崇高精神境界的自觉和热情,以致造成人文精神教育处于一种应付状态,学校以制定几项方案为满足,教师以完成一项任务而告终,学生以获得学分为追求。这种局面在某种程度和意义上具有普遍性,因此必须引起高度重视,必须有针对性地找出其中的问题,总结经验教训,提出

① 王树宁.北京体育大学学生人文素质教育研究[D].北京体育大学,2012.

有效方案和对策。

我国于20世纪90年代才明确提出了要加强“人文素质教育”“文化素质教育”“人文教育”等口号,特别是近年来院校调整与合并,为加强“人文素质教育”提供了硬件条件。尽管如此,由院校合并与调整所引起的“精神融合”“精神合并”的问题并没有得到有效的解决,而且关于“人文素质教育”如何落实到高等学校的教育教学实践中,如何体现在教学的过程中,仍然没有一个可供借鉴参考的有效操作模式。在我国,虽然关于人文精神教育的研讨已经有较长的时间了,但这些研讨多属于各界人士各抒己见的争鸣,缺乏有效的组织,对问题的讨论虽然逐步深入,但缺乏明确的阶段性,真正做到培育人文精神,把它落实到教学计划层面的高校更是凤毛麟角。可以将这些问题简单概括为以下几点:

(1)理论上宣传多,实际去力行的少。

(2)对人文精神教育方法、人文精神继承和超越的规律的探索仍处于初级阶段。

(3)开始注意人文知识的传授,但对于人文品质、人文素养的培养和评价尚未形成完整的科学体系。

第四节　高校体育教育中人文精神培养的基础理论

一、高校体育教育中人文精神培养的必要性

(一)时代发展与社会进步的必然要求

随着时代的发展和社会的进步,全世界都在为进一步的提升和飞跃做准备。我国也逐步进入了全面建设小康社会的新阶段,各项事业都需要坚持以人为本的全面、和谐与可持续的发展观,

人的地位和价值被置于一个相当重要的位置,人文精神的回归也理所当然地被视为教育领域里的一大主题。高校中的体育教学在振兴民族精神、增强团队意识、完善人格、提高心理素质等方面都起到了不可替代的作用,其本身所蕴含的丰富的人文精神更是不容忽视的。一个缺乏人文精神的时代将是一个残缺的时代,一个缺乏人文精神的世纪将是一个残缺的世纪,一个缺乏人文精神的国家和民族将是一个残缺的国家和民族。由此可见,一个没有人文精神的大学生也将是一个残缺的大学生。所以,我们必须清醒地认识到:在高校的体育教学过程中融入人文精神是时代赋予我们的责任,同时也是社会发展的必然要求。

(二)新世纪人才培养的必然选择

1982年,我国确立了以“具有中专以上学历和初级以上职称”为衡量指标的人才标准。显然,在今天看来,这一标准是不科学且片面的。此后,华东师范大学前校长袁远开同志又提出了关于人才的八方面的素质要求:进取、创新精神;较强的适应能力和跟上时代的发展;更高的思想品德和对社会、祖国、人民负责的高度责任感;扎实的知识基础和基本技能;适应科技发展趋势的合理知识;与科技发展相适应的能力结构;某些个人特长以及国际交流的语言能力。在上述诸多所谓的人才标准中,除了一定的知识和能力之外,更体现出了一种对人才的人文精神的诉求,若要将一个人称为“人才”,就必须从人文精神和科学精神这两方面进行考量。

高校体育教学作为促进学生发展的重要手段之一,可以通过多种形式的体育活动培养学生健康的身体、坚强的意志、积极的心态以及奋斗的精神等。只有在高校体育教学中加强人文精神的融入,才更有助于将学生培养成为新时期社会发展真正所需要的人才。

（三）教育发展的必然趋势

体育教学是教育领域中一个非常重要的问题。因此，有关体育教学的很多理念和思想都离不开对教育思想的借鉴。下面就从人文精神的融入层面对历史上教育思想的发展进行简单梳理。

在西方，古希腊时期的苏格拉底首创“产婆术”，开西方“启发式教学”之先河；18世纪，启蒙运动的伟大领袖、法国教育家卢梭所著的《爱弥尔》一书将“人”（儿童）在教育中的地位提升到了一个前所未有的高度；进步主义学派的代表杜威提出的“儿童中心论”，主张“做中学”。在我国，古代先哲孔子也倡导启发式教学的理念，并在《论语》中提出了“因材施教”“有教无类”等一系列宝贵的教育思想；到了近现代时期，蔡元培先生的“兼容并包”、陈鹤琴先生的“活教育思想”都体现了对人的关注。在人类教育发展的历史长河中，处处闪耀着人文精神的光辉。而这些光辉同样影响着高校体育教学，换句话说，高校体育教学应从历史上的各种教育思想中吸取人文精神以自用。

换一个角度来看，虽然目前关于教育的本质问题的说法是众说纷纭，但教育的基本目标是促进人在德、智、体、美等方面的全面、协调发展，而这也正是素质教育的根本意蕴。此外，我国在21世纪初开始推行的基础教育课程改革对高校体育教学的基本理念也有很大的影响。可以说，新课程改革进程中所主张的教育观念的更新、教育内容的完善、教育方式的转变等都要求将人文精神贯穿其中。因此，高校体育教学中人文精神的融入无疑是教育发展的必然趋势。

（四）高校体育教学的内在要求

第一，高校体育教学的目的决定了必须加强对大学生人文精神的培养。自新中国成立以来，我国的体育教学经历了由“只注重三基的基本技术教学”向“以人为本的健康知识、健康技能、保健方法等的教育”的转变,并确立了“通过体育教学,使学生学会学习、学会做事、学会做人,把学生培养成为有健壮体魄、健美体形、健康心理、健全人格的全面发展的高素质人才”的目标,不难看出,这一目标与人文精神的追求具有高度的一致性。因此可以这样说,高校体育教学充满了对人性的宣扬,具有强烈的人文色彩。

第二,高校体育教学并不是一个孤立的学科,如果教学只注重专业知识的传授和运动技能训练是不可能完成教学任务的。因为如果没有深厚的文化功底,是无法深刻理解专业知识的;如果没有浓郁的人文精神,也不可能将掌握的运动技能发挥到极致,可以说学生的“人文精神”水平制约着高校体育教学的水平。

(五)学生自我发展的根本需要

人文精神的养成会让学生终身受益。曾有研究表明:一个人事业的成功,80%是取决于其“情商”“德商”等非智力因素的,这是人文精神的具体体现。由此可见,人文精神对于一个人的自身素质、个人竞争力、社会适应性以及人生的发展路径都会产生巨大的影响。另外,目前在高校就读的学生被认为是极具个性的一代,单纯的体育锻炼已经不能满足他们的需求了,传统的体育教学方式更是无法使其个性得到充分的释放与张扬。他们所需要的是在轻松愉快的体育教学氛围中获得心理和生理的全面提升。因此,人文精神的培养,特别是高校体育教学中人文精神的融入,是学生自我发展的根本需求。

二、高校体育教育中人文精神培养的可行性

(一)高校体育教学对培养学生人文精神具有重要作用

高校体育教学有助于培养学生的人文精神,这主要体现在以下几个方面。

1. 有助于学生的人际交往

体育活动能够有效地增加人与人接触和交流的机会,进而有效地促进彼此之间的人际交往和情感沟通,甚至在这个过程中让人逐渐养成主动和人交往的习惯。

2. 有助于学生综合素质的提高,促进学生的全面、和谐发展

体育锻炼不但可以使学生的体质得到增强,改善个人的生理健康,而且还有利于学生自我心理素质的完善以及社会适应能力的提高。例如,在高校的体育教学过程中,对于如何面对困难和挫折、如何看待成功与荣誉、如何控制情绪、如何调整心态等,学生都有机会得到真实的感悟和锻炼。

3. 有助于增强学生的社会责任感和团队之间的合作意识

诸如篮球、足球、排球等很多体育活动都需要团队成员之间的合作,即便个人的技术水平再高,若要取得最后的胜利,仍然需要与团队其他成员进行密切的配合。现代社会是一个需要合作精神的社会,是一个需要奉献精神的社会,而体育教学恰恰能够潜移默化地培养学生的团队合作意识、集体责任感以及奉献精神。

4. 有助于唤醒学生的竞争意识

除了合作之外,竞争也是体育运动的主要特征之一。这种竞争既包括对自己的挑战,同时也包括他人之间的竞争;既有个人之间的竞争,也有团队之间的角逐。竞争意识的形成对个人的自我发展、自我超越以及社会适应能力的提升都大有裨益。

当然,高校体育教学对培养学生人文精神的作用并不局限于以上几点,这里只是列举了几个较为突出的方面,其他方面的作用有待于进一步挖掘和补充。

(二)高校体育教学对学生人文精神的养成具有其自身的独到优势

高校体育教学在培养学生人文精神方面有着独到的优势,主要表现如下。

第一,高校体育教学"寓教于动",以肢体实践活动为主要方式,其强身健体、修身养性、审美育德、寓教于乐等功能是其他学科课程所无法比拟的。

第二,高校体育教学相对于其他学科而言,有着更为宽泛的科学基础,它综合了心理、解剖、生物等诸多相关学科,使人文精神发展的土壤更为肥沃。

第三,高校体育教学有其特殊的空间属性,并没有局限于教室这一有限的活动空间中,室外教学更接近于人类学习的原生状态。

第四,高校体育教学能够自然地运用示范等直观的教学方式,师生之间、生生之间的交流更为便利,这切实地体现出教育对人的主体性的关注。

由此可见,高校体育教学对人文精神的培养具有其内在的优势,这是其他学科所无法替代的。这为在高校体育教学的过程中融入人文精神奠定了坚实的可行性基础。

三、高校体育教育中人文精神培养的主要内容

体育是人类为适应自然和现代社会,以身体练习为基本手段而自觉地改善自我身心和开发身心潜能的社会实践性活动。"互相了解、友爱、团结和公平竞争"是奥林匹克主义的核心内容,这一思想主要是"通过体育和文化教育的结合,使人的身心素质、

道德品质、精神境界都获得和谐发展与提高。概括地说，就是通过体育实践活动促使人，特别是青年群体获得身心的和谐发展”。大学体育人文精神是人文奥运精神中的一种表现形式，除具有人文奥运精神的特征之外，还有自身独特的特点。总体来看，现代大学生体育人文精神的主要内容包括英勇奋斗的爱国主义精神、自由民主的公平竞争精神、自强不息的英雄主义精神、乐观自信的人道主义精神、诚信超越的团队协作精神等五个方面（图4-1）。[①] 这也是高校体育教育中人文精神培养的主要内容。

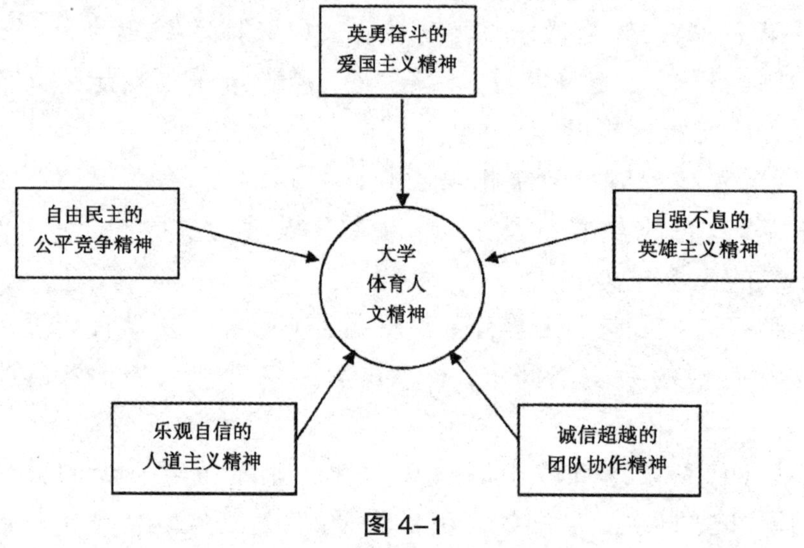

图 4-1

第五节　高校体育教育中人文精神培养的路径

一、营造充满人文精神的校园文化环境

在体育教学中进行人文精神教育的根本目的是帮助学生树立并形成正确的人生观、价值观以及世界观，促进学生更好地对待和处理人与人、人与社会、人与自然、人与自身的各种矛盾问

① 蒋菠．竞技走向健美：大学体育人文精神重塑[D]．西南大学，2012.

题。在这个过程中，感化的、非说教的、非强制的教育因素很多，学校的校园文化环境是最基本的因素。良好的校园文化环境可以陶冶师生的情操，塑造学生美好的心灵，成为学生成长和发展的圣地、养育人文精神的大课堂。

（一）美化校园环境，加强人文景观的建设

高校不仅要注重选择良好的自然环境作为学校的校址，还要把自然环境创设为理想的学习场所，使草坪、绿树、园林、建筑相互衬托，人文景观和自然风范相互协调。学生置身于井然有序、充满文化气息的校园环境中，自然能够陶冶情操，净化心灵。同时，在优美的校园环境中也孕育着巨大的精神力量，规范着学生的行为与校园风气。

（二）加强校风、校训建设

良好的校风能增强师生的自豪感和责任感，促使师生以主人翁的态度去学习与工作，共同营造一个互敬互爱、积极向上、活跃和谐的校园环境。经典的校训能够营造一种浓郁的文化氛围，如“自强不息，厚德载物”“博学、审问、慎思、明辨、笃行”“自强弘毅，求实拓新”等，它们激励着莘莘学子不断前进和奋斗。因此，校风、校训对学生人文精神的教育作用是不可低估的。

（三）开展丰富多彩的校园文化活动

参加社会实践活动是学生将人文知识转化为人文精神的最根本途径。高校可让学生参加各类学术社团，让其找到展示自己的空间，树立自信心。例如，带领学生参加革命纪念日活动，举行升国旗仪式，使学生把过去、现在、未来联系起来，养成关心时事政治，把个人的命运与祖国的命运联系起来的良好品质，在社会实践中完善自己、丰富自己，形成高尚的人文精神。

二、提升体育教师的人文素养，建立和谐的师生关系

教师，是学校教育教学的基本力量，是人文精神培养的关键因素之一。教师通过言传身教来教化学生，培养人才，可以说教师对学生的影响是最直接也是最深刻的。教师的素质、水平主要取决于他们的人文魅力与人文素养，同时也取决于他们对学生的态度。因此，在培养学生的人文精神之前，首先要提高教师的人文素养，然后再在此基础上建立一种真挚的良师益友式的师生关系。

新时期的课程改革与教材编写对教师提出了更高的要求，教师不仅要把专业领域内的工作做好，而且还要提高自已的综合素质，特别是人文素养。体育教师在传授专业知识的同时，还需要完成培养人的重任。从教学目标上来看，教师教育的对象是人，只有具备了一定的人文素质才能从真正意义上去理解人，在挖掘学生潜能的同时，还要尊重学生的自由和价值；从教育理念上来看，教师必须具备相当的人文素质，才能树立较好的教育理念，才能对社会上流行的种种思潮与现象进行相对正确的评判；从教学内容上来看，在科学与人文日益融合的今天，即使传授科学知识也同样需要有较高的人文素养作为其基础。提高教师的人文素养，就是在增加教师人文知识的同时，还要提高教师的人文精神。教师的人文素养非常广泛，但要达到“艺术之师”的境界，必须提升包括精神、心理、审美等内在的人文素养。

三、将人文精神渗透到体育教学的每个环节，促进学生全面发展

（一）更新体育教学观念，关注人文体育

在传统“生物体育观”的影响下，高校体育教学长期存在诸如教学内容片面、教学形式单一、培养目标有偏差、评价方式不科

学等一系列的问题。但最为根本的问题是,高校体育教学的教学理念陈旧,人文精神缺乏。若要在高校体育教学中融入人文精神,首先必须要从根本上改变传统的体育教学观念,具体可从以下几方面来努力。

(1)以“人本主义”思想为指导,对学生的个性、主体地位予以充分的尊重。

(2)在“和谐”思想的指导下促进学生充分、全面、和谐的发展。

(3)在“终身教育”思想的指导下培养终身体育精神。

(二)丰富高校体育教学内容

第一,调整高校体育教学的课程体系,开发专业基础课、专业选修课、公共基础课、公共选修课以及跨专业选课、跨学科选课等多种课程体系平台,为培养人文精神提供肥沃的土壤。

第二,精选教育内容,使学生在有限的时间里获得更大的进步和更快的提高。

第三,在有效利用资源的前提下,遵循大学生身心发展的规律,尽可能开设形式多样的高校体育课程,使课程体系具有一定的弹性与灵活性,以满足不同水平、不同层次、不同兴趣爱好的学生的需要。

(三)优化教学方法,培养学生人文精神

新时期的人文体育教学需要优化教学方法,尝试综合运用启发式教学、情境式教学、互助式教学、探索式教学等多种教学方式,以充分调动学生的自主性和积极性。在高校体育教学过程中,还应该充分利用现代先进科技如电脑、摄像机等多媒体设备,使教学过程更为生动、具体、形象,以激发学生的学习兴趣,为人文精神的培养提供新途径。

（四）构建综合性、激励性的评价体系

现代人文背景下的体育教学评价不应再是区分优劣的手段，而应真正发挥出评价的诊断、调控、监督等功能，更要关注学生的情感、价值、态度等因素，评价内容要全面广泛，注重对学生学习能力、实践能力、交往能力等各方面能力的综合评价。同时，高校体育教学评价体系要具有人文性，这一点突出表现在对学生个体的关注上。在评价过程中不断激励学生，使学生在教师的认可、赏识中提升人文素养，走向成功。

第五章　体育教师人文素质对学生的影响及培养路径

通过上一章的分析可知，当前我国大学生普遍存在着人文精神缺失的情况，因此在平时的体育教育中要将学生的人文精神培养放在突出的位置。而在学生体育人文素质培养的过程中，体育教师自身的人文素质状况也在很大程度上影响着学生人文素质的培养效果，因此加强对体育教师人文素质的培养也是尤为必要的。本章主要就体育教师人文素质对学生的影响及培养路径展开研究，主要内容包括体育教师人文素质对学生的影响、体育教师人文素质培养的重要性、体育教师人文知识水平与人文精神现状分析以及体育教师人文素质培养的路径。

第一节　体育教师人文素质对学生的影响

在现代社会发展的背景下，人才扮演着越来越重要的角色。为培养大量高素质的人才，我国教育部门做出了实行素质教育的战略规划。这一战略规划是对未来教育改革与发展的准确把握，同时对体育教师自身素质提出了较高的要求。当前，我国大部分学校的体育师资力量存在一定的问题，如体育教师专业单一、文化层次不高、综合素质低下等，这对于培养高素质的人才提出了考验。在素质教育改革与发展的背景下，不断加强对体育教师素质的培养是非常重要的，因为学生综合素质的发展离不开体育教师的培育，教师的人文素质关系到学生的切身发展。因此，要想在体育教学中提高学生的人文素质,就要加强对体育教师人文素质的培养。

一、体育教师专业能力对学生的影响

在体育教学过程中,体育教师的专业能力也是其自身人文素质提高的重要方面。体育教师的教学特点和教学技能如果能融合在一起,形成鲜明的个人风格,学生将会深受启发和影响,自觉投入到学习之中,从而形成一种良好的学习氛围,这对于促进学校体育教学质量的提高具有重要的意义。在这种良好的学习氛围中,学生能产生学习体育的兴趣,体育学习情感也会不断增强,这在很大程度上得益于体育教师的贡献。

二、体育教师个性素质对学生的影响

个性在人的发展中起着非常重要的作用,它是学生建立人生观的图标和模式。个性对学生的发展产生至关重要的影响。一个良好的个性特点能促使学生产生较强的体育兴趣,能培养和激发学生积极参与体育锻炼的动机,进而养成终身体育锻炼的意识和习惯,这也是体育教育的终极目标。而在学校体育教学中,体育教师的个性特点也会对学生人文素质的培养产生重要的影响。

在竞技体育运动中,一般来说,优秀的运动员都具有十分强烈的个性,如马拉多纳、乔丹等,他们之所以能取得如此大的成就,与其鲜明独特的个性是分不开的,在学校体育教学中,对于体育教师而言也是如此。在体育教学中,教师会遇到不同个性特点的学生,必须要因势利导,针对不同个性的学生施以有针对性的策略,这样才能取得理想的教学效果。

三、体育教师思想政治素质对学生的影响

思想政治素质也是体育教师人文素质的重要组成部分,思想

素质教育能塑造体育教师良好的思想品格，在日常体育教育中，学生能从中深受启发，充分认识到体育教育的重大意义和价值，能体验到体育的乐趣，从而形成主动参与体育活动并从中追求快乐的思想意识。除此之外，体育教师思想政治素质对学生的影响还体现在帮助学生树立自觉遵守法律法规的意识等方面。总之，思想政治素质是体育教师人文素质的重要内容，同时也是学生所必须具备的重要的人文素质，培养体育教师的思想政治素质能够对学生产生重要的影响。

第二节　体育教师人文素质培养的重要性

在素质教育背景下，体育教师必须具备良好的人文素质，这在一定程度上是由其崇高的职责所决定的。在体育教学过程中，体育教师的人文素质会通过教学态度、敬业精神和奉献精神等方面直接或间接地体现出来，这都会潜移默化地影响学生的世界观、价值观、人生观及道德观的形成。如果体育教师缺乏一定的人文素质，就难以用自己真诚、热情、高尚的一面去很好地教育学生，而且在教学方法的选用和设计上也会缺乏创造性，机械、枯燥地讲授内容和传递信息，学生的需要无法得到有效的满足。而倘若体育教师可以将人文素质的教育渗透到体育专业学科的教育中，就会使体育教育内容变得更加丰富多彩，这些内容也会对学生产生较强的吸引力，有利于提高学生的体育知识基础水平，培养学生健康的身心状态、优秀的思维品质和科学的道德观念，并使学生拥有正确的人生追求。可见，在体育教师教书育人的过程中，其自身良好的人文素质是“教好书”“育好人”的基本保证。因此，高校必须采取有效措施对体育教师的人文素质进行培养，不断提升体育教师的人文素质水平，使其能够在教学中有机渗透人文精神教育，从而培养人文素质高、能满足社会现代化发展需求的优秀体育人才。

下面具体从三个方面来分析体育教师人文素质培养的重要性。

一、人文素质是体育教师素质结构的重要组成部分

在构建和谐社会和强调“以人为本”教育理念的今天，人们为了缓解压力、调节情绪、提高生活质量而参与体育锻炼。现代心理学研究发现，虽然人这一有机主体具有高度的自主意识，但在纵横交错的复杂社会关系网下，人的发展方向、速度、层次及水平都由其所处的环境所决定。人文素质的最高形态是人文精神，主要表现为人的“三观”、审美情趣及人格特征等。从这个意义上而言，体育教育是一个新的特殊环境，该环境的主要负责人就是体育教师，在学生人文精神的形成与培育中，教师起着主导作用。因此，体育教师必须具有完善的人文素质才具备成为一名优秀教师的条件。

（一）人文素质有助于体育教师个性的形成

一个人比较稳定而有本质特征的个体倾向性和个体心理特征的总和就是所谓的个性。[①]个体倾向性是个体人文素质形成的基本因素，其具体包括动机、兴趣、信念、理想等因素。个体心理特征是个体人文素质的直接外部表现形式，其核心要素是性格，是个体对现实的稳定态度和习惯化了的行为方式。体育教师应具有良好的个性，这是其对人际关系进行正确处理，对教育事业负责，满足学生学习需要的基础条件。因此说，在体育教师个性的形成中，人文素质是一个非常重要的条件。

（二）人文素质有助于体育教师人际亲和力的形成

人际亲和力是人际关系的一种积极心理状态，其又被称为

① 徐德刚．市场经济条件下高校体育教师人文素质调查研究[D]．南京师范大学，2007．

“人际吸引”,人际亲和力有助于使个体的人际需要得到满足。有很多因素如外貌亲和、互补亲和、临近亲和、相似亲和、熟悉亲和等都会对人际亲和力产生影响。但这些影响因素都是来自外在的亲和,是人际亲和的开始,必须有良好的人文素质才能保证这些人际亲和的发展。教师职业的本质决定了人文素质是体育教师人际亲和力形成的必备条件。

(三)人文素质有助于体育教师教学风格的形成

体育教师在教学上是否成熟,主要看其是否形成了自己的教学风格,体育教师必须要有自己的教学风格,这是其成为一名优秀教师的基本条件。教师的教学风格是其个性特征在教学上的反映。体育教师的教学风格存在个体差异,因为不同体育教师在学识、兴趣、修养、特长等方面都有自己的个性化特点。一个人的情感、价值观等个性品质都能从其人文素质中体现出来,人文素质对体育教师的兴趣格调、特长形成等都具有一定的导向性。人生目标正确、价值取向符合时代发展要求、情感体验丰富的体育教师往往拥有广泛而高雅的兴趣。体育教师不仅要在体育学科上有专业的教学技能,还要培养对其他学科知识的兴趣,从其他学科中吸取营养。这样,体育教师就会在体育教学中追求情感陶冶和精神感染,在内容组织和方法实施上追求一定的艺术效果,但也要注意艺术辩证法,主次分明,详略得当,在教学语言上重点渲染,突出语言的形象性和感染力。在此基础上,体育教师情感型的教学风格就会逐渐形成。

二、人文素质是体育教师专业发展的重要条件

教师应该是专业化高度发展的人,应该热爱自己的本职工作,在所教学科上有深刻的理论认识和丰富的实践经验。体育教师的专业化发展主要表现在体育教师的专业意识不断提升、专业知识越来越丰富以及专业技能越来越强,在这个过程中,体育教

师的教师观、职业观以及学生观也在不断更新和完善。体育教师只有充分发挥自主性才能获得专业化发展,而决定其自主性发挥的主要因素是人文素质。体育教师的人文素质体现了其对自身价值的追求和对社会及他人的态度。体育教师如果具有良好的人文素质,那么其面对一时一刻取得的成绩和荣誉并不会骄傲自满,而会去追求更长远的发展与更深远的价值,并不断探索如何实现生命的意义。可以说,人文素质为体育教师的专业化发展提供了非常重要的动力。

三、人文素质有助于体育教师树立榜样作用

人文素质完善的体育教师一般都具有良好的学识、修养,也会对社会作出重要的贡献,学生和其他教师往往会格外关注这样的教师,并将其当作效仿的榜样。体育教师必须具备高尚的爱国主义情感和社会主义道德品质,要对深厚博大的中国文化有深刻的认识,不断将民族文化智慧吸收到教学中。体育教师要开拓视野,要对当代文化生活予以关心,将人类优秀文化的营养吸收并内化为自己的文化品质。人文素质良好的教师往往性格开朗,积极乐观,感情充沛,才华横溢。青少年学生涉世未深,求知若渴,他们羡慕有学识、有修养的教师,并将其当作自己学习的榜样和立志要超越的对象。

有良好人文素质的体育教师懂得如何活跃课堂氛围,他们的风趣幽默能够营造出趣味横生、轻松活泼的课堂教学气氛,在这样的环境中,学生不会死气沉沉,而是会积极主动地学习。学生在学习与生活中遇到困难时,教师乐观积极的生活态度会给他们带来启示,学生受到教师的激励后不会消沉,他们会勇敢克服困难,努力追求自己的目标,希望能够变得像教师一样优秀。正因为体育教师能够给学生带来这样重要的影响,所以现代体育教育对体育教师的思想品质、道德人格及专业素质提出了较高的要求。体育教师的个人修养水平主要从其思想品质、道德人格上体

现出来，体育教师的专业学识水平和教学能力主要体现在其专业素质上。体育教师需要对体育学科的理论知识、专业技能不断进行深入研究，从而不断提高自身的专业素质，而且体育教师要形成良好的人文素质，还需具备良好的思想品质和道德人格，人文素质好、专业素质高的体育教师更能充分发挥体育人文教育的育人功能。

第三节　体育教师人文知识水平与人文精神现状分析

一、体育教师的人文知识水平现状

（一）文学知识缺乏

部分体育教师对文学作品尤其是那些包含民族感情、民族气韵，凝聚着历史感和使命感的经典名著不感兴趣。随着社会竞争压力的增加，许多体育教师为了调节身心，会选择读那些包含调侃、幽默、搞笑等娱乐内容的书，特别是一些网络小说，其中一些调侃、浅显，甚至有些颓废、荒谬的语言对体育教师造成了不好的影响。而且对于体育专业学科的书籍，体育教师也很少去潜心研究与阅读，他们对本学科的未来发展表现得比较淡漠。

中外优秀文学作品中有很多生动活泼的语言，体育教师多阅读这些书籍，从中吸收营养和有价值的内容，有利于自身语言修养的提高。体育教师不仅要阅读科学读物，优化自己的知识结构，拓展自己的视野，使自己洞悉事物的能力得到提高，同时还要阅读一些文学读物，锻炼自己的语言能力。体育教师应在理解和吸收文学名著知识的基础上将这些知识营养内化为自己的认知，形成独特的感悟，进而从体育教学中展现出来，谈古论今，广征博引，吸引学生的学习兴趣。

（二）历史知识掌握较少

调查发现，体育教师掌握的历史知识比较少，而历史文化是我们的精神家园，对历史知识的学习与掌握有助于促进民族凝聚力、意志力及创造力的增强。体育教师优良品德、高尚情操及健全人格的形成离不开中国几千年灿烂历史文化的熏陶感染，多学习历史知识有助于促进体育教师人文素质的提升。

（三）艺术知识较为薄弱

体育教师对艺术知识的掌握也不乐观。体育教师应该具有和谐、高尚及优雅的审美品位，这样的体育教师更容易受学生崇敬，成为学生效仿的楷模和向往的目标。体育教师良好的审美品位不仅是自身素养和人格魅力的一个组成部分，同时也是一种氛围、力量和磁场，体育教师的言谈举止、仪表风范及其如何呈现教学内容、选用教学手段、设计教学程序等都受自身审美品位的影响。只有审美品位高的教师才能在教学中做到“以美激情，以美激趣，以美育德，以美立人”，才能发现每个学生的“美”，关注每个学生的特长与个性发展，同时对学生的审美意识与能力进行培养，使学生学会审视与创造和谐之美。体育教学应该是具有美感的教育过程，具有一定审美品位的教师能够滋养每个学生的内在情感。

（四）哲学、法律知识不够完备

体育教师同时也缺乏必要的哲学、法律知识。大多数教师认为哲学、法律和体育专业学科没有瓜葛，没必要去学习哲学、法律知识。事实上，体育教育是培养“全面发展的人”的教育，体育教师自身必须储备一些哲学、法律知识，才能通过体育教育培养出遵纪守法、自觉规范与约束自身言行的学生。

总之，体育教师除体育学科外，对其他学科知识如文学、历史、艺术、法律等的掌握情况都不容乐观，人文知识严重匮乏，具体原因表现在以下几方面。

第一，体育教师对运动技能和运动专项水平更为重视，所以会主动学习这方面的知识，而对人文知识的重要性没有足够的认识，从而导致知识结构单一，文化素质水平较低。

第二，在市场经济环境下，一些体育教师表现出较强的功利性，对实用性知识给予高度关注，注重提升自己的计算机、外语等方面的能力，相比之下，不重视传统文化，不热衷学习人文知识。

第三，高校很多体育专业如运动训练专业、体育教育专业、民族传统体育专业等开设的课程以技术性课程、技艺性课程为主，教学目标也以技术层次的目标为主，对运动成绩和结果看得比较重，现有课程中人文知识的含量非常少。

二、体育教师的人文精神现状

徐德刚在《市场经济条件下高校体育教师人文素质调查研究》一文中对部分高校体育教师的人文精神进行了调查分析，下面主要分析该文中的调查结果，从而基本了解我们体育教师的人文精神现状。

（一）体育教师人文精神基本信息

关于体育教师人文精神基本信息的调查结果见表 5-1 到表 5-9。

表 5-1　体育教师对“是否应该提高教师人文素质”的看法（n=290）[①]

看法或态度	比例
是	93.8%
说不清	5.5%
不是	0.7%

① 徐德刚．市场经济条件下高校体育教师人文素质调查研究 [D]. 南京师范大学，2007.

调查的290名体育教师中，认为应着力提高教师人文素质的占93.8%，表示说不清和不同意的分别只有5.5%和0.7%。可见这些体育教师中有很大一部分对人文素质的认识比较到位，他们赞同对教师人文素质的培养。

表5-2 体育教师对"提高教师人文素质是素质教育的重要前提"的看法(n=290)

看法或态度	比例
是	85.9%
说不清	13.1%
不是	1.0%

85.9%的体育教师同意"提高教师的人文素质是素质教育的重要前提"这一说法，表示说不清或不同意的分别只有13.1%和1.0%，可见体育教师对人文素质教育在素质教育中的重要性有较为正确的认识。

表5-3 体育教师对"人文社会科学的作用比不上自然科学"的看法(n=290)

看法或态度	比例
是	14.5%
说不清	35.2%
不是	50.3%

对于人文社会科学的作用比不上自然科学这一说法表示赞同的体育教师有14.5%，说不清的教师有35.2%，不同意的教师占一半以上，达50.3%。在市场经济条件下，技术的核心作用受到高度重视，而人本原则被忽视，二者形成明显的反差。我国高等教育长期以来都以科学教育为主，人文学科只不过是技术学科的一种点缀，人文教育基本被科技教育取代。

表5-4 体育教师是否经常阅读人文类书刊(n=290)

看法或态度	比例
经常	40.3%
偶尔	56.2%
很少	3.5%

经常阅读人文类书刊的体育教师占40.3%，偶尔阅读的教师有56.2%，很少阅读的教师有3.5%。总体上偶尔阅读和很少阅读的教师占大部分比例。

表5-5　体育教师是否经常参观人文类展览（n=290）

看法或态度	比例
经常	16.2%
偶尔	56.9%
很少	26.9%

经常参观人文类展览的体育教师有16.2%，偶尔参观的体育教师有56.9%，很少参观人文类展览的体育教师有26.9%。没有兴趣是大部分体育教师不参观人文类展览的主要原因。

表5-6　体育教师是否经常收听、收看人文类节目（n=290）

看法或态度	比例
经常	41.7%
偶尔	49.3%
很少	9.0%

经常收听、收看人文类节目的体育教师有41.7%，偶尔收听、收看人文类节目的体育教师有49.3%，还有9.0%很少收听、收看人文类节目。高校体育专业的课程中技术性、技艺性课程占主导，人文教育严重缺失，这是高校体育教师对人文类书刊、节目等不感兴趣的主要原因。

表5-7　体育教师是否经常为学生提供人文方面的帮助和指导（n=290）

看法或态度	比例
经常	31.0%
偶尔	55.5%
很少	13.5%

调查数据显示，经常为大学生提供人文方面的帮助和指导的体育教师有31.0%，偶尔提供的有55.5%，还有13.5%的教师很

少给学生提供人文方面的帮助和指导。在体育教育中,体育教师偏重于对技能的传授和指导,以传授纯体育科学知识为主,没有意识到在体育科学知识教育中对人文社会科学知识的渗透,没有充分挖掘与整合体育知识中的人文因素,导致这两类知识相互孤立,没有实现有效的补充与有机的融合。

表 5–8 体育教师是否满意校园人文环境建设(n=290)

看法或态度	比例
满意	21.4%
不关心	54.8%
不满意	23.8%

调查发现,满意校园人文环境建设的体育教师有 21.4%,对校园人文环境建设不关心的教师多达 54.8%,不满意校园人文环境建设的教师有 23.8%。

表 5–9 体育教师是否参加过人文选修课的学习(n=290)

看法或态度	比例
参加过	45.2%
说不清	22.1%
没有	32.7%

调查结果显示,参加过人文选修课学习的体育教师有 45.2%,对此说不清的教师有 22.1%,而没有参加过的教师有 32.7%。

在体育教师的个人成长中,人文素质的缺失是一个很大的阻碍因素,体育教师如果没有一定的人文素质,就很难真正成长。体育教师的个人发展、教学质量等都受其自身综合文化素养的直接影响。只有具有丰厚的文化底蕴,体育教师才能在体育教学活动中承担起历史重任,完成育人使命。深厚的文化底蕴和高尚的人文精神是一名优秀体育教师的必备素质,那些从教书匠成长为能师、经师甚至名师的体育教师必然拥有良好的人文素质。

（二）体育教师的理想与信念不够坚定

关于体育教师理想与信念的调查结果见表 5-10 和表 5-11。

表 5-10　体育教师对“学习知识的首要目的”的看法（n=290）

学习知识的首要目的	比例
求取功利	9.0%
挣钱	9.0%
实用	44.8%
实现理想	37.2%

上表显示，认为学习知识以求取功利、挣钱为首要目的的教师各占 9.0%，认为实用才是学习知识的首要目的的教师占 44.8%，而认为学习知识是为了实现理想的教师有 37.2%。当前，大多数人不管做什么事都追求经济利益，功利倾向在社会生活和工作中都表现得非常明显，所以在教育中也以实用性学科为主，人文学科课程开设较少。部分体育教师将“追求功利、淡于修养、实用第一”作为自己选择知识的价值标准。他们重视培养学生的就业能力，而将培养学生的责任意识、陶冶学生的情操忽视了，从而导致学生缺乏一定的人文精神。

表 5-11　体育教师是否关注本专业长远前景（n=290）

态度	比例
关注	78.6%
无所谓	19.7%
不关注	1.7%

关注本专业长远前景的体育教师有 78.6%，持无所谓态度的教师有 19.7%，对此不关注的教师有 1.7%。可见大部分体育教师非常关心体育学科的发展及前沿领域，也能对此进行深入研究，但依然有一些教师对教师职业的崇高职责没有明确的认知，对人生的价值和意义缺乏正确的认识，在工作上敷衍了事，甚至

利用本职工作时间搞“第二职业”,从而对教学质量和效果造成了严重的影响。这是体育教师功利化价值取向的反映,可见其对教师职业没有坚定的理想和信念。

(三)体育教师的人格与道德水准有待提高

关于体育教师人格与道德状况的调查结果见表5-12到表5-18。

表5-12 体育教师遇到困难时是否总能通过集体的帮助来解决(n=290)

态度或看法	比例
是	25.5%
说不清	59.3%
不是	15.2%

遇到困难时,总能通过集体的帮助来解决困难的体育教师有25.5%,对此表示说不清的教师有59.3%,不通过寻求集体的帮助来解决问题的教师有15.2%,这说明很多体育教师对自我与他人生存和发展的相互依赖关系不够关注。

表5-13 体育教师对命题“个人利益不满足时,为社会奉献是美妙的谎言”的看法(n=290)

态度或看法	比例
是	31.4%
说不清或无所谓	36.9%
不是	31.7%

当个人利益没有得到满足时,为社会奉献是不是美妙的谎言,关于这一问题的调查结果显示,31.4%的教师认为是,36.9%的教师表示说不清,持否定意见的教师有31.7%。这表明部分体育教师缺乏高尚的人文精神,人生价值发生了一些扭曲,价值观念个人化,功利倾向明显,道德水准较低。这都是因为现行教育忽视人文素质培育而造成的。

表 5-14　体育教师是否遵守《交通安全法》（n=290）

态度或看法	比例
是	34.8%
基本是	63.5%
不是	1.7%

上表调查数据显示，严格遵守《交通安全法》的体育教师有34.8%，基本遵守的教师有63.5%，不遵守的教师仅有1.7%。可见体育教师的法律意识还是比较强的。

表 5-15　体育教师在教学中是否关注对学生人文素质的培养（n=290）

态度或看法	比例
是	38.6%
偶尔	60.4%
不是	1.0%

在体育教学中非常关注培养学生人文素质的体育教师有38.6%，偶尔关注的体育教师有60.4%，不关注的教师有1.0%。一些体育教师在教学中责任心较差，不注重与学生的交流，对学生态度冷淡，不注重其全面发展。虽然这样的教师是少数，但只要存在，就是非常严重的问题，这种状况会阻碍高等教育的发展，所以不能因为主流是好的就忽视少数不良问题。

表 5-16　体育教师是否赞成市场经济条件下的扶贫助残活动（n=290）

态度或看法	比例
是	83.5%
无所谓	15.5%
不是	1.0%

对于市场经济条件下的扶贫助残活动，表示赞成的教师有83.5%，表示无所谓的教师有15.5%，不赞成的教师只有1.0%。

表 5-17 体育教师是否具有较强的敬业精神（n=290）

态度或看法	比例
是	36.6%
一般	58.6%
不是	4.8%

36.6%的体育教师认为自己有较强的敬业精神，58.6%的体育教师认为自己的敬业精神一般，4.8%的体育教师认为自己没有较强的敬业精神。

表 5-18 体育教师在感情上是否接受银行储蓄征税（n=290）

态度或看法	比例
是	24.2%
无所谓	37.9%
不是	37.9%

对于银行储蓄征税，在感情上表示接受的体育教师有 24.2%，表示无所谓的教师有 37.9%，表示不接受的教师有 37.9%。

体育教师人文素质的核心是人文精神，人文精神的内涵会随着历史的发展而不断变化、更新与完善。体育教师的言行举止会影响学生，在大学生价值观念的形成过程中，教师的人文素质具有导向作用。高等院校的体育教育是对大学生进行人文素质教育的重要途径，市场经济条件下，人们不仅要崇尚科学和理性，还要对人性回归给予高度重视，对培养创新精神、创造能力给予特别关注，而且还要关心个人价值的实现。这就对高校体育教师的道德情操、价值观念提出了更高的要求。高校体育教师只有拥有良好的人文素质，与其他教师团结起来，最大限度地将群体优势发挥出来，才能推动高校体育教育及人文教育的发展。

第四节　体育教师人文素质培养的路径

一、确立现代教育观念

教育真正的巨大力量存在于教育的本质及人文精神中。在教育的发展过程中，之所以形成了不同的教育价值观、知识价值观，主要是因为对教育的本质有不同的认识，这进而造成了教育成果的不同。人类都应该具备基本的人文精神，体育教师也不例外。除了人文精神外，体育教师还必须树立与教师职业和教育事业密切相关的人文关怀理念，因为教育的本质力量和本源属性都主要体现在人文精神上。教育以人性发展的可能性为起点，以对人全面和谐发展的关怀为核心，从而让人成为一个"真正有价值的人"。对人全面和谐发展的关怀也是教育的最高目标。体育教师要树立教育价值观、师生观、教学观、课程观等各种教育观念。体育教师的教育观念应以人文精神为核心，这就要求体育教师在教学中贯彻以人为本，关注每个学生的生命、需要、价值及其全面发展，强调人文关怀和理性精神。这个总的要求具体从以下几方面体现出来。

（一）师生观

在师生观上，努力建立民主、平等、和谐的新型师生关系，将主体与主导的关系妥善处理好，为学生的健康成长和全面发展创造良好的条件。

（二）课程观

在课程观上，从整体视角树立课程观，将学科本位主义彻底放弃，对分科教学的相对性有清晰的认识。

（三）教学观

在教学观上，培养学生时，对于知识、技能与人格理想的培养要给予同等的重视，但也不要一味追求整齐划一。

（四）教师观

在教师观上，思想、语言及行动要保持一致，为人师表，以德育人，发挥良好的示范作用。

（五）学生观

在学生观上，尊重学生的差异性，激发学生的主动性，注重学生发展的全面性与持续性，使学生做自己成长道路上的主导者。

（六）人才观

在人才观上，人才观念不能狭隘、单一，要重视培养多样化人才、复合型人才。

总之，在新时代背景下，体育教师必须树立科学的现代教育观念，并将这些观念与思想落实到教学实践中。

二、领导给予重视

培养与提升体育教师的人文素质是一项非常艰巨且具有长远效益的任务，各级领导对此一定要高度重视，要在体育教师思想政治工作的总体规划中纳入教师人文素质培养教育工作，针对体育教师的实际情况制定人文素质培养教育的有效措施。在推进体育教师人文精神构建的进程中，学校领导起着非常关键的作用，具体表现为以下两个方面。

第一，学校领导自觉架构自己的人文世界，走在前面，站在高处，从而激励体育教师对自身人文世界进行架构。

第二，学校领导给予体育教师和其他学科教师同样的人文关怀。领导是学校权威和精神的集中代言人，他们自身关注与重视人文素质本身就是一种潜在力量和信号，一定程度上也是学校行为倾向的体现。

学校领导应该从宽广的视角对体育教师的人文素质进行审视，在确立办学理念与办学思想中融入人文素质的元素，然后在教学实践中积极贯彻与落实包含人文素质元素的办学理念。学校领导对于自己的管理行为也要不断努力改造和优化，通过自己的管理来提升体育教师的人文素质。营造宽松和谐的高素质成长环境也是学校领导应该承担的主要职责，体育教师在这样的环境下更容易成为高素质的优秀教师。

体育教师提高自身人文素质的渠道有很多，其中从体育教学实践中获得经验是一个必不可少的渠道。学校要不断更新教育观念，完善管理模式，使体育教师深切感受来自学校的人文关怀，有精神依托，从而更好地开展教学工作，在教学中不断积累经验，提升自己的人文素质。体育教师的成长及人文素质的提升都需要具备一定的时空条件和客观条件，这些条件是由学校提供的，学校还要给体育教师提供一定的自由决定权，教师在体育教学内容编制、体育教育措施制定、体育教学效果评价等方面可以行使相应的权利。只有拥有自主权的体育教师才会在日常工作中更积极主动地提升自己的人文素质。

三、健全相关制度

培养与提升体育教师的人文素质，除了要靠教育，还要靠科学、健全及完善的管理制度，只有教育，没有制度，体育教师的人文素质很难提高。

现在，我国在不断深入改革事业单位的人事制度，包括职务岗位设置制度、职务聘任制度、职务晋升制度、职务考核制度等。学校也在不断完善这些制度，从而提升教师职业的专业化水平。

不管是聘用还是解聘专业工作者，或者是专业工作者的晋级，都要严格执行相应的专业评审制度，从整体上制定行为的工作标准和实施程序是行业群体应有的权利。而依据自身专业知识进行职业判断是行业个体成员的权利，每个成员都有个体承担责任的“处方权”。在各行业科学制定具体的标准和要求，并严格落实，是各个行业专业化发展的需要。

针对体育教师制定各项标准与要求时，不要过多干涉体育教师的信仰、价值观和自主权，制定的各项制度既要符合社会历史条件，又要将教师个体的利益和价值追求反映与突显出来，不仅要用标准来规范与约束教师的言行，也要鼓励教师在创造性的实践中超越标准。在这个意义上而言，体育教师职业专业化标准的实施过程正是不断提高体育教师人文素质的过程，是科学化和人文化相互补充、相辅相成的过程。①

制度创新是实现高等教育管理体制创新，提高体育教师人文素质的基础保障。学校应加强学术型管理，对新型管理模式如“专家治校”“教授治校”等加以构建与完善。只有这样，广大体育教师的自由与活力才能被激发出来，而且对体育教师人文素质的培养也才能具备更充足的条件。只有自由探索，才有科学创造，只有教学的自由，才能养成选择、责任、自主、应变、决策的能力，才能养成德行。

不管是引进、选拔和培养高素质人才，还是使用与奖励人才，都要采取相应的科学制度，同时要对现行的人事制度加以改革，不断健全与完善现行制度。通过制度的调整与改革，将广大体育教师的积极主动性和创造性充分调动起来，并对体育教师的人文精神进行广泛弘扬。

总之，加强对体育教师管理制度的建立健全，有利于对其敬业精神和奉献精神进行激励，并使其将这种精神延续下去，鼓励学生，感染学生，教育学生，形成良性循环机制。

---

① 徐德刚．市场经济条件下高校体育教师人文素质调查研究[D]．南京师范大学，2007．

四、积淀丰富的人文素质

体育教师的人文素质水平主要从其对人文知识的积累量、对人文知识的理解能力、向人文精神转化的程度及其“三观”塑造上体现出来。作为体育人文素质的核心内容，人文精神的形成是建立在积累了一定量的人文知识、对人文知识有较好的理解，且成功内化为精神品质的基础上的，只有形成良好的人文精神，体育教师的“三观”塑造及人文行为方式的形成才会更加顺利。这就要求体育教师在掌握人文知识后，通过体育教学活动中的参与、观察和反思，对自身与周边环境形成新的认识，获得新的感受。体育教师掌握一定的人文知识后，还要通过领会、感受及参悟等形式形成一定的情意态度与价值观念体系，这样的价值观念体系更稳定，更有个性，而且更有利于发挥其对行为的指导作用。体育教师在教学活动及日常学习过程中，通过传授知识与技能、学习掌握知识、环境熏陶等方式将人文知识内化为自身的气质、人格与修养，形成独特且具有相对稳定性的内在品格。体育教师在对人文知识的价值内涵进行领会与参悟的过程中，会逐渐实现人文知识向人文精神的转化。

下面主要从两方面来探讨体育教师人文素质的积淀。

（一）树立人文精神风范

体育教师的人文精神体现在很多方面，如主体精神、求是精神、奉献精神、创新精神等，体育教师只有具备这些人文精神，才能更好地教书育人，发挥自己的价值，为祖国培养栋梁之才。学校在宣传人文精神方面要不断加大力度，营造浓郁的人文精神氛围，使高尚的人文精神在教师群体中形成正确的舆论导向。学识渊博、热心教育事业、具有高尚人文精神的教师不管是在教书育人方面，还是在科学研究中，都能体现出崇高的精神，这为学校人文教育的开展提供了丰富而生动的材料。高校应将这些优秀教师的优势充分利用起来，大范围传播优秀教师的高尚人品、作风，在体育师资队伍建设中发挥其传帮带的作用。高校应举办不同学科、专业的老中青教师恳谈会，为新老教师之间的交流提供平台，老教师不仅应将科学的学术思想传授给年轻教师，还要对中青年教师进行人文精神教育，从而提升中青年教师的人文素质，为提高人才培养质量提供基础保障。

（二）提升人格魅力

体育教师言谈举止、风度气质上展现出来的人格魅力也是文化素养的重要组成部分。阅历丰富、学识渊博、情趣高雅的优秀教师能够凭借自身的人格魅力给学生带来深远的影响。形体健美、乐观豁达、尊重并信任学生的体育教师，其人格魅力对学生的影响是无形的，也是持久的。学生乐于与这样的体育教师交往，这样的体育教师也会被学生视为学习的榜样和效仿的楷模。在大学生个体人文世界的构建中，体育教师的人格魅力折射出的审美情感、社会文化价值观等都是非常重要的参照。因此，要提升体育教师的人文素质，并使体育教师在体育人文教育中为学生树立榜样，潜移默化地影响学生的内在，就要不断提升体育教师的人格魅力。

五、消除市场经济给体育教师带来的负面影响

（一）加强社会公德教育

我国历来重视道德教育，但长期以来，我国道德教育的开展情况都不容乐观，德育工作在学校不被重视，再加上我国现行的德育教育过分强调道德认知，而将道德实践忽视，也就是只注重灌输道德准则，却不重视从实践层面培养学生的品德，从而导致道德认知与道德行为严重脱节。开展道德教育工作，首先要落实社会公德教育，要在不同学科的专业教育中渗透这方面的道德教育。

“爱国守法、明礼诚信、团结友善、勤俭自强、敬业奉献”是我国公民的基本道德规范，也是对教师的基本道德要求，因此应在教师中大力倡导这些道德精神，对社会公德、职业道德大力弘扬，使教师严格要求自己遵守道德规范，自觉约束自己的行为，并给学生树立良好的道德模范。

（二）加强义利观教育

在社会发展中，不能只讲利不讲义，否则人会变得唯利是图、自私自利，社会也将处于混乱状态，不可能得到发展，同时也不能只讲义不讲利，否则义就没有依托，社会也失去了赖以发展的物质基础。因此，树立正确的义利观，正确处理义和利的关系非常重要。在体育教师人文素质的培养中，也要重视社会主义义利观教育，引导其将义和利统一起来，妥善处理二者的关系。

具体来说，对体育教师进行义利观教育，就是要教育其在自己正当利益得到满足、自身人生价值得到实现时，对国家利益和人民利益也要能够自觉维护，严格克制自己对不正当利益的追求，以义制利。同时也要教育教师不要做损人利己的事，要将追求个人利益的行为转化为对社会主义建设有利的义利互济行为，通过个人努力追求正当利益，同时为国家和人民创造利益。

（三）加强心理健康教育

在体育教师人文素质的培养中也要加强心理健康教育，培养体育教师良好的心理素质，使体育教师尽快适应新的教育形势和充满激烈竞争的市场环境。针对体育教师的心理健康教育可以从以下几方面展开。

（1）鼓励体育教师参加继续教育，引导其将市场经济下个人利益与集体利益的关系弄清楚，树立正确的人生观与价值观，对社会、自我都有正确而全面的认识，将理想纳入符合现实的科学轨道上。

（2）为体育教师提供心理咨询服务，帮助解决其在生活、工作中遇到的心理问题，引导其克服心理障碍，摆脱不良心理困扰，消除心理隐患，治疗心理疾病，提高心理健康水平。

（3）为体育教师提供发展咨询、成长咨询服务，促进其健康心理与健康人格的发展与完善，使其能够更好地适应社会，为社会服务。

六、加强校园文化建设，营造良好的人文氛围

校园人文环境是一种特定的精神环境和文化氛围，需要由师生共同创建。通过各种健康的文化活动而营造的文化氛围能够积极影响人的心理，在一定层次上对全体师生的思想观念产生正确的引导，并规范其行为。因此，创设良好的校园人文环境也是培养体育教师人文素质的一个重要途径。

“场”在物理学中是一个常见的重要概念，如磁场、电场、重力场等，这些“场”的强度和能量都非常大。“场”是物质相互作用的结果，物质间不需要相互接触就能够通过“场”的作用传递力和能量，这就是“场”的奥妙之处。我们也可以将校园人文环境看作是一种具有巨大能量的“场”，它的能量主要体现在向心力和凝聚力上，也就是“场力”，将这些能量传递下去，可以激励人积极进取、努力拼搏。“校园人文场”将自身的“力”和“能量”施加给校园人文环境下的所有成员，从而产生无形的和潜在的影响力与制约力。同时，校园人文环境下的所有成员又都会影响“校园人文场”的总能量的传递。总之，在同一个教育时空的“校园人文场”中，每个成员的思想与行为、知识与技能、道德与情感等都是相互影响、相互激励、相互渗透以及相互交融的。[①] 校园人文环境的教育力量直击人的心灵，对于人文素质教育的最终目的的实现具有一定的促进作用。良好的校园人文环境能够潜移默化地培养体

① 徐德刚．市场经济条件下高校体育教师人文素质调查研究[D]．南京师范大学，2007．

育教师的情感、品德及意志，促进其在心灵与精神上的升华，这主要是通过潜意识心理机制实现的。下面具体分析校园文化建设的路径。

（一）提供设施优良的活动场所

首先，学校要结合自身的实际情况为体育教师提供艺术教室、棋牌室、排练场、展览厅等设施优良的活动场所。

其次，学校可成立读书社，开设读书专栏，鼓励全校师生积极参与，实现教学相长。

再次，学校可举办人文社科讲座，邀请知名学者、专家来校演讲，从而丰富体育教师的文化知识。

最后，学校可专门针对学校教职工举办朗诵会、书画展览、音乐会等活动，鼓励体育教师参与。

（二）加强校园环境建设，增设人文景点

学校应有集古典风格与新时代精神于一身的建筑，独特的建筑风格及其蕴含的深刻的思想内涵能够潜移默化地影响学校师生，陶冶师生情操，同时还能促进学校吸引力、凝聚力的增强。对于在校园内乱写乱画，随地扔废弃物的不文明行为，学校要严厉制止，发动师生对建筑物上的污迹进行及时清洗，保持整洁，维护校园的庄重。

能够给人带来美好感受与熏陶的校园环境往往是优雅舒适的环境，这样的校园环境有层次、有格调、有品位，能够将学校的精神风貌充分展现出来。体育教师在高尚的、儒雅的校园人文环境的熏陶下，其人文素质乃至综合素质必将得到有效的提升，这反过来又有助于进一步优化校园人文环境，从而形成一种良性循环，促进体育教师与校园文化的共同发展。

（三）树立良好的校风

要营造有助于提升体育教师人文素质的校园文化氛围，需要树立良好的校风。在良好校风的感染下，体育教师能够做到严谨治学，能够与学生建立民主、和谐、宽容的师生关系，而且更加乐于奉献，并不断追求创新。

（四）营造良好的学习氛围

学校汇集了大量的科学知识，置身其中的教师应能随时随地学习知识。为此，要积极创造良好的学习氛围，这种氛围应该体现在学校的各种场所中，如教室、图书馆、餐厅、宿舍等。例如，在教室或图书馆挂上一些科学家的画像，张贴一些格言警句，将具有高品位、高格调的人文类、社科类图书或杂志摆放在图书馆、阅览室中。虽然有的学校体育部门设立了自己的图书阅览室，但基本都是体育书籍、体育学刊和体育杂志，其他学科资料很少，这不利于对体育教师人文素质的培养，因此应增设人文类、社科类书籍与杂志，为体育教师学习知识提供良好的条件。

总之，体育教师人文素质的提高既需要其自身的不懈努力，也需要良好环境氛围的熏陶。学校的内在精神和行为风范在很大程度上影响着体育教师的思想和行为，而这又是从校园文化中折射出来的，所以要努力营造浓厚的校园人文氛围。

第六章　大学生体育人文素质教育体系的构建

调查发现，当前我国高校体育教育普遍存在重体质、轻人文，重技能、轻文化的不良现象。新时期我国需要大量综合素质强和全方位发展的人才，而缺乏人文教育的体育教育不可能培养出全面型人才，所以，加强高校体育人文素质教育的理论构建并在实践层面上加以落实是刻不容缓的。本章主要在新时代背景下探讨高校体育人文素质教育的理论构建与实践研究，主要内容包括高校体育人文素质教育的内涵与外延、价值与目标以及设计与实施。

第一节　高校体育人文素质教育的内涵与外延

一、高校体育人文素质教育的内涵

（一）体育人文教育的本质

体育教育本身就包含有人文教育的成分，在人文教育的开展与实施过程中，体育教育是非常重要的途径之一，同时人文教育也是发展体育教育的一个重要条件。体育人文教育是体育教育与人文教育的融合，体育教育及人文教育的特性都包含其中，"文化育人"是体育人文教育的本质规定性。其中，处在核心位置的是“人”,“质”的规定主要体现在“文化”上,体育则是“质”的一种外在表现方式。所以说体育文化教育(体育文化“育人”教育)正是体育人文教育的本质。

体育文化教育具有以下几方面的含义。

(1)体育文化教育贯彻的主要教育理念是“以人为本”,要求在教育中树立人文体育观,培养学生的体育人文精神,要将体育人文教育的出发点以及最终归宿都定位在“人”身上。“以人为本”的教育理念具体体现在体育教育中就是要对学生有全面的认识和深入的理解,尊重学生的个体差异,发挥学生的主体作用,关怀学生的全面健康,使学生的合理需要得到满足,促进学生自我完善和不断实现自我价值。

(2)体育文化教育是体育文化内涵的教育,教育内容包括体育中蕴含的哲学、艺术等文化因素,以及体育本身的理念、道德、精神以及规范等文化范畴。

(3)经过规范设计的体育文化是体育文化“育人”教育得以实现的重要载体。

(二)高校体育人文素质教育的界定

高校体育人文素质教育是以人文关怀为导向,以经过规范设计的高校校园体育文化为载体,濡化体育的文化内涵和人文精神,潜移默化地影响大学生,以促进大学生体育文化素养的形成和自由全面发展的体育文化教育。[①]

(三)高校体育人文素质教育的特性

高校体育人文素质教育的特性是其与其他教育相区别的本质属性,本质上来看,具体包括以下几个特征。

1. 高等性

高校体育具有高等教育性,这是其与中小学体育最明显的不

① 徐伟.大学体育人文教育理论与实践研究[D].北京体育大学，2013.

同。大学生的知识素养和能力普遍都比中小学生强，大学生在大学校园这个特殊的教育环境下独立生活，体育是他们生活中非常重要的一部分。大学生步入社会后将成为适应时代发展需求的高层次专门人才，因此他们在高校参加体育学习和其他活动，不仅为了增强体质，提高身心健康水平，也是为了培养社会意识与能力，完善自己的综合素质，以便以后顺利与社会接轨，迅速适应社会生活。

大学生的多元化和高层次需求要求高校努力建设体现高层次与高品位的体育文化，如体育场馆建设要有历史文化和时代气息；体育师资队伍建设要突出高水平、高素养；加强新兴运动项目的文化建设，彰显时尚与艺术；校园体育文化活动要求达到内容丰富、形式多样、高雅而有内涵等要求，从这些方面加以努力有助于学生良好生活方式的形成与生活质量的提高。

2. 人文性

高校体育人文素质教育的人文性特性主要从以下两方面体现出来。

第一，高校体育人文素质教育在“以人为本”思想的指导下强调对人的完整认识，对人独立人格与主体价值的充分尊重，对人健康权利、生命意义的维护与关怀以及使人的发展需要得到最大限度的满足，促进人的价值的最大化实现。

第二，高校体育人文素质教育强调在实践中对人的全面塑造，强调科学改造人的身体、积极引导人的内心精神世界、塑造健全的人格以及促进人的社会化发展。高校的体育场地设施、课内外体育活动及体育组织管理行为要成为体育人文教育的载体，必须蕴含一定的人文性，如果物质条件、体育活动有形无神，管理制度僵硬冰冷，那么其就不能成为高校体育人文教育的载体。

3. 隐蔽性

高校体育人文素质教育具有隐蔽性，在具体实施教育的过程中也以隐性课程为主要形式，即在“以人为本”的理念下，通过对高校体育文化的规范设计,将体育所蕴含的哲学、历史、艺术、文学等文化底蕴与文化精神,以及其本身的文化内涵折射出来,从而促进体育文化教育目标的实现。高校体育人文素质教育以其独特的内隐方式,对大学生产生无意识的、潜移默化的影响。这种育人方式所起到的效果往往"不言自明",要比一味地灌输、说教等育人方式有效。

4. 多样性

高校体育人文素质教育内容非常丰富,政治、经济、科技、教育等领域与体育相关的知识、体育中蕴涵的相关知识及体育本身的文化要素等都是高校体育人文素质教育的重要内容。高校体育场地设施、体育传统与风气、体育管理制度、体育口号以及体育教师行为等都是高校体育人文素质教育施教的载体,这体现了体育人文素质教育依附载体的多样性。总之,高校体育人文素质教育涉及广泛的范围,以多样的形式开展,从多元渠道对学生产生重要影响。

5. 濡化性

濡化指的是部分有意识、部分无意识的潜在的、漫长的文化化人过程。"在人文关怀导向下的体育文化教育"是高校体育人文素质教育的本质,体育人文素质教育不是通过强行灌输的方式发挥教育作用,而是通过将体育文化的精华部分贯穿于高校体育文化化人过程的一切方面,在物质、精神、制度层面和行为等多个文化层面构建文化之网,使学生在文化化人的情境中通过从众、暗示和感染的方式接受隐性的持续不断的刺激,从而不断适应,有所收获。这个教育过程没有强迫性和逆反性,学生自觉、自愿地直接获取经验。

6. 依附性

高校体育人文素质教育发挥教育功能是借助校园体育文化这个载体而实现的,其利用该载体而对人文教育思想进行传递,同时濡化体育的文化内涵和人文精神。高校体育人文素质教育依附高校体育文化这个客观载体而实现，一旦离开这个载体，体育人文素质教育内容的教育功能便无法得到发挥。

7. 持续性

高校体育人文素质教育的持续性主要从以下两方面体现出来。

（1）体育文化教育环境建设需要一个长期的过程，只有坚持以“文化育人”为根本导向，不断发现和解决问题，育人环境才能越来越完善，育人功能才能得到更充分的发挥。

（2）体育人文素质教育持续影响学生，学生在良好的体育文化教育环境下自觉自愿学习，久而久之，某些稳定的个性心理特征就会逐渐形成。

大学生的个性心理与行为特征会在很大程度上受到其所在院校的体育传统与风气的影响，在学校体育理念的影响下，大学生形成与之相适应的体育素养，这些素养具有相对的稳定性，保持时间较长，甚至能影响大学生的一生。我们要坚决反对高校存在的片面追求短期效益的教育倾向，反对重有形教育、轻无形教育的做法，应结合短期利益与长远利益，循序渐进、坚持不懈地加强高校体育文化教育环境的科学建设。

二、高校体育人文素质教育的外延

高校体育人文素质教育的外延是其概念中所反映出来的具有相应特有属性的全部对象，即该概念的外延是由具有概念内涵的所有对象构成的。高校体育人文素质教育的实质是体育文化教育，以人文关怀为导向，以校园体育文化为载体，经过规范设计的高校校园体育文化是其主要构成因素，而高校体育人文素质教育的要素主要是指濡化体育的文化内涵和人文精神，具体包含四种类型的教育要素，即高校体育物质文化教育要素、高校体育精神文化教育要素、高校体育制度文化教育要素以及高校体育行为文化教育要素。

上述四类文化教育要素中，居于核心和灵魂地位的是高校体育精神文化，其在人文教育体系中是具有隐蔽性的教育内容，要实施这类教育内容，实现这类教育内容的教育价值，必须依附一定的载体。其他几类教育要素也只有通过精神文化的外化，才能将体育特有的文化底蕴和引人注目的人文魅力折射出来，促进文化化人的人文教育价值的充分实现。有关学者在将高校校园体育文化建设内容的相关研究（图 6–1）作为参考的基础上，从高校体育文化建设的现状出发，广泛听取意见，从而对高校体育人文教育内容的构成要素加以确定，具体见表 6–1。

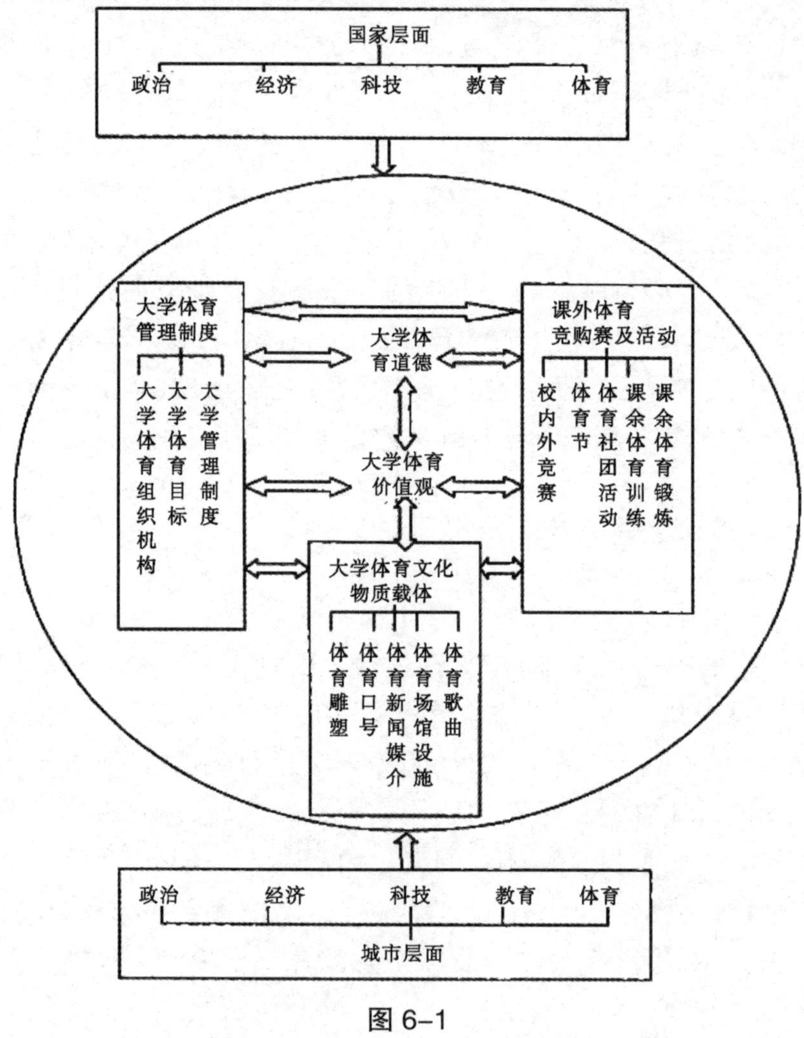

图 6–1

表 6–1　高校体育人文素质教育的内容要素

<table>
<tr><th>教育要素分类</th><th>二级要素</th><th>三级因素</th></tr>
<tr><td rowspan="14">高校体育精神文化教育要素</td><td rowspan="3">高校体育理念</td><td>体育使命观</td></tr>
<tr><td>体育发展观</td></tr>
<tr><td>体育育人观</td></tr>
<tr><td rowspan="6">高校体育道德</td><td>民主平等</td></tr>
<tr><td>公平竞争</td></tr>
<tr><td>集体观念</td></tr>
<tr><td>组织纪律</td></tr>
<tr><td>责任感</td></tr>
<tr><td>民族情怀</td></tr>
<tr><td rowspan="5">高校体育精神</td><td>爱国主义精神</td></tr>
<tr><td>人文体育精神</td></tr>
<tr><td>公平竞争精神</td></tr>
<tr><td>拼搏进取精神</td></tr>
<tr><td>团队协作精神</td></tr>
<tr><td rowspan="8">高校体育物质文化教育要素</td><td rowspan="3">体育场地设施</td><td>体育场馆</td></tr>
<tr><td>体育器材</td></tr>
<tr><td>自然环境</td></tr>
<tr><td rowspan="5">体育文化宣传媒介</td><td>校园广播</td></tr>
<tr><td>体育宣传栏</td></tr>
<tr><td>校园网络</td></tr>
<tr><td>体育报纸杂志</td></tr>
<tr><td>体育音像制品</td></tr>
</table>

续表

教育要素分类	二级要素	三级因素
高校体育物质文化教育要素	体育标志物	体育吉祥物
		体育标志
		体育建筑物
		体育雕塑
		体育标准色
		体育口号
		体育名人名言
高校体育制度文化教育要素	体育组织机构	运行机制
		管理方式
	体育管理制度	日常体育锻炼管理制度
		体育教学管理制度
		校园体育活动管理制度
		体育社团管理制度
		体育训练与竞赛管理制度
	体育传统与风气	体育传统
		体育风气
高校体育行为文化教育要素	体育课	体育课程建设
		体育课程设置
		体育课程内容
		体育课程评价
	体育教学	体育教师仪态
		体育教学方式
		体育课堂管理等

续表

教育要素分类	二级要素	三级因素
高校体育行为文化教育要素	校园体育活动	体育文化节
		体育社团活动
		各种课余体育活动及体育竞赛等

第二节 高校体育人文素质教育的价值与目标

一、高校体育人文素质教育的价值

探索高校体育人文素质教育的价值,也就是探求高校体育人文素质教育的本真意义,它是关于高校体育人文素质教育问题的最基本观点,而且高校体育教育工作者能否准确认识高校体育人文素质教育的目的、科学确立体育人文教育的目标、有效选择体育人文教育的功能及全面开展与评估体育人文教育活动,直接由其对体育人文素质教育的价值的认识水平所决定。我们必须从满足大学生发展需求和社会发展需求两方面的价值取向来思考和分析高校体育人文素质教育的意义,具体体现在以下几方面。

(一)促进大学生的全面协调发展

有关学者在深刻认识与理解人的本质的基础上,从人对体育的需求及体育的育人功能出发,提出了体育人文教育的概念。体育人文素质教育强调要自然地改造学生的身体,同时正确引导学生的内心精神世界,积极塑造学生的健康人格,教化学生的良好思想品质,以及促进学生的社会化进程,简言之,就是要通过体育人文素质教育促进学生身体素质、心理素质与社会适应素质的协调发展。这是高校体育人文素质教育的首要价值。

1. 促进大学生身体健康发展

高校体育人文素质教育采取各种形式组织丰富的体育锻炼、训练及竞赛活动,从而吸引大学生积极参与其中,以增强学生体质,塑造学生的优美形体,增强学生的运动能力,最终提高学生的身体健康水平。在大学生全面健康体系中,身体健康是基石,身体健康的大学生往往有充沛的体力、旺盛的精力和较强的心理承受能力,而且乐观开朗、自信热情,而体质较差的大学生往往心理承受能力也差,表现为情绪悲观、精神萎靡、心理敏感等。因此要先培养大学生的健康身体素质,提高其身体健康水平,进而培养其健康的心理素质和社会适应能力。总之,促进学生身体健康是体育教育的重要特性,也是体育人文素质教育的首要价值。

2. 促进大学生心理健康发展

高校体育人文素质教育强调对体育精神、体育道德的弘扬,使学生通过亲自体验和感悟而形成良好的精神素养和思想品质,提高学生的心理健康水平。一些大学生面临严重的心理健康危机,如价值观扭曲,情感困惑,缺乏协作意识、社会责任感和艰苦奋斗精神,心理素质较差等,而体育人文素质教育刚好为化解这些心理危机提供了有效的方式。

高校体育人文素质教育中包含的教育元素都拥有强大的育人功能,这是在教育内容设计中就已经考虑好的环节,这些教育元素对于培养大学生的公平竞争精神、英雄主义精神、团队协作精神与良好的心理品质具有重要意义,这些良好精神与品质的具体表现见表 6-2。而具备这些精神与品质的大学生其心理健康状态会提升到一个新的水平。

表 6–2　高校体育人文素质教育影响心理层面的内容及具体表现

高校体育人文教育影响心理层面内容	具体精神与品质表现
公平竞争精神	自由民主
	诚实守信
	开放参与
	科学效率
	创新进取
英雄主义精神	刚毅执着
	奉献上进
	拼搏奋斗
	顽强抗争
	挑战征服
	冒险探索
团队精神	团结友爱
	协作互助
	尽心尽力
良好心理品质	乐观开朗
	交往乐群
	勇敢果断
	坚毅顽强
	坚定自信
	竞争拼搏
	吃苦耐劳
	沉着冷静

3.促进大学生社会适应能力的发展

高校体育人文素质教育通过组织各种体育文化活动来为学生创建社会交往的平台,使学生适应相应的社会角色,促进其社会化发展。大学生的综合素质与能力主要体现在其社会适应方面,高校体育人文素质教育在培养大学生社会适应性、提升大学生综合素质方面具有重要价值与意义,具体分析如下。

(1)高校丰富的体育文化活动营造了浓郁的人文环境氛围,科学先进的体育思想随着体育文化活动的开展而被广泛传播,这有助于促进人与社会的进步及健康发展。健康的体育思想有助于培养大学生遵守规范的意识和行为习惯,促进大学生形成积极健康的生活方式。

(2)高校体育文化活动氛围的凝聚力与感召力虽然是无形的,但其强大的功能与影响力可以说是不可估量的,学生在这种环境下受到良好氛围的熏陶与感染,价值观念越来越科学化、健康化,学生群体中形成相似的价值观念、道德情操,拥有共同的理想追求,表现出规范的行为方式,其集体归属感、荣誉感及社会责任感愈发强烈。

(3)高校开展的各种体育文化活动为大学生的角色扮演提供了重要的机会与平台,大学生在这些活动中通过扮演不同的角色来充分展现自我,发挥自己的特长与优势,逐渐形成了较强的社会角色适应能力,为将来步入社会奠定基础。此外,大学生扮演裁判、教辅者等任何一种角色,都要遵守相应的规则及群体规范,履行好自己的职责,认真完成相应角色的任务,在角色扮演的过程中,这些规范在大学生心中内化成稳定的心理特质,并向社会实践中延伸,使学生成为有勇气、有担当、有责任感的社会公民。

(4)大学生参加高校体育文化活动,会与各种性格的人打交道,处理各种问题,这不仅使学生的交往空间得到了拓展,而且也能建立良好的友谊,促进大学生社会交际能力的提升。

（二）满足大学生合理的体育需求，促进大学生体育行为自由、自觉

体育人文素质教育应凸显人本主义理论，即“以人为本”“以人为中心”“以人为目的”，坚持人道，深入认知人性，对人性特点准确掌握，对人权给予尊重。但在高校体育教育实践中，普遍存在“工具理性主导、价值理性式微”的问题，在体育教学方面具体表现为教学目标单一，教学内容单调，教学组织秩序化，教学方法机械化，教学过程技术化，教学评价达标化等，从而导致大学生的兴趣、动机和情感严重受到压制，使大学生参与体育活动的积极性受到打击，这就是高校体育教育的价值定位与学生主体的内在需求严重偏离造成的后果。

在深刻认识体育与人的本质关系的基础上提出的高校体育人文素质教育以“人”为出发点和最终归宿，即在价值上充分尊重“人”，在理论上正确认识“人”，在实践中全方位培养“人”，在促进人全面自由成长与发展方面，体育人文素质教育显示出强大的功能。高校体育人文素质教育强调尊重学生的个体差异，发挥学生的主体作用，加强对学生的积极健康引导，满足学生的合理体育需要，促进其全面发展，使其自主性、能动性和创造性得以充分发挥，在和谐的体育人文教育环境中增强体质、释放自由、娱乐身心，懂得人际关怀与交往，充分实现自我价值，满足自我发展与完善的需求。

（三）完善体育教育理论，促进高校体育教育的完整性和系统性

为了适应社会的发展，满足人的发展需要，有关学者在结合体育自身特点的基础上提出了体育人文教育，这并不意味着要颠覆或否定传统体育教育，而是对传统体育教育基础进行补充和完善。

1. 高校体育人文素质教育是科学教育与人文教育的结合

科学教育与人文教育在研究对象上有区别，前者主要对“物性”进行研究，而后者主要对“人性”加以研究。科学与人文有不同的功用，可以将科学教育理解为“为学”，将人文教育理解为“为道”，二者缺一不可，否则会限制教育功能的发挥。高校体育也包含了这两个方面的教育，体育原本就包含人文教育这一成分，作为教育体系中重要组成部分之一的体育应该体现出人文教育的特有价值，如果体育向科学教育部分偏重，而忽视人文教育部分，那么高校体育只不过就是开设了一些体育技术课程，以身体教育和技术教育为主，这样的教育是没有内涵的，而只有将人文教育融入其中，才是严格意义上的体育教育，体育育人的本质功能才能充分发挥出来。

2. 高校体育人文素质教育是课上教育与课下教育的结合

大学生对体育有多元的需要，最常见的如增强体质、身心健康、娱乐休闲、社交等，如果高校体育的组织形式只有单一的体育课程教学，那么大学生的多元化体育需要便无法得到满足，而只有将严格的体育课程教育和丰富的课外体育活动结合起来，采用多种形式开设高校体育工作，大学生的多元化体育需要才能得到很好的满足。常见的课外体育活动形式有体育社团或俱乐部活动、体育知识讲座、体育文化节、体育竞赛活动、运动会等。

3. 高校体育人文素质教育是显性教育与隐性教育的结合

高校体育人文素质教育不仅强调要通过有形的体育组织形式来促进学生智力因素的发展，还强调通过间接内隐的文化因素来积极影响学生，促进学生非智力因素的发展。这些内隐的文化因素具体包括学校体育传统、体育文化活动氛围以及体育教师行为等。

总之，高校体育人文素质教育是科学教育与人文教育的结合、是课上教育与课下教育的结合、是显性教育与隐性教育的结合，是多种教学形势融合起来的综合性教育，这促进了体育教育理论的完善，使体育教育更具完整性和系统性。

（四）推动大学文化的传承与创新

高校体育人文素质教育强调将“人文”渗透在整个体育教育过程中，而高校体育文化是高校人文素质教育真正的教育内容。从文化视角而言，高校体育文化指的是高校体育中包含的文化因素，高校体育文化是高校文化建设的重要载体，两者共生互动，作为母体的高校文化孕育了高校体育文化，作为载体的高校体育文化促进了高校文化的丰富，以独特的形式将高校文化展示出来。在大学文化的传承与创新方面，高校体育文化也发挥着非常重要的作用，具体体现在以下两个方面。

1. 体育是传承大学文化的重要载体

（1）大学的办学理念能够通过体育这一载体得到有效的传承，如在京师大学堂成立初期，《钦定京师大学堂章程》明确提出，学堂要“造就通才”就得对学生“临事不辞难，事君不惜死”的忠勇精神进行培养，要涵养忠勇精神就得开设体育必修课程，而随着社会的进步，21 世纪初北京大学明确指出了体育应以“造就人才，培养全面发展的人”为主要责任，提出“科学与人文相融，育体与育心并重”的体育教育理念，这也是新时期北京大学办学理念的重要体现。①

（2）一所大学悠久的历史、浓郁的文化底蕴都可能记载并渗透在学校的体育物质设施上，如原中央高校体育馆等。

（3）对一所高校而言，优秀的体育传统是非常重要的历史沉积，有益于塑造良好的大学形象与造就好的声誉，高校的体育传统是该校文化的传承载体，也是体育精神和信念的表达。

2. 体育文化刺激大学文化的创新

在人类社会发展到特定历史阶段时，体育便应运而生，这是

① 徐伟．大学体育人文教育理论与实践研究［D］．北京体育大学，2013．

一种特殊的社会文化形态,也可以将其看作是社会的一个缩影。高校体育文化既是高校文化的组成部分,也是体育文化和社会文化的重要组成因素,其作为一个相对独立的系统具有开放性、动态性。随着体育文化和社会文化的变化发展,高校体育文化也会不断演变发展,呈现出与同时期体育文化和社会文化相应的特征,这会对高校文化的创新产生一定的刺激作用,具体表现如下。

(1)大学校园文化因体育文化的加入而丰富起来,大学生的视野也因此而越来越开阔,体育文化节、体育社团活动、体育训练与竞赛等丰富的体育文化活动能够将大学文化的特性与传统很好地展现出来,同时能够培养大学生的综合素质。

(2)在高校的对外交流方面,体育是一个必不可少的平台,如高校派代表参加校际体育比赛或更大规模的体育比赛,从而将自身的特色文化展示出来,同时与其他学校的文化相互交流,借鉴和吸收先进文化,不断充实自身的文化体系,可见体育在推动高校文化交流、完善方面起到了重要的作用。

(3)高校体育文化能够促进高校文化的先进性发展,体育与政治、经济、文化、教育、科技等领域都有密切的联系,因此成为当今社会颇受人们关注的一个焦点,高校体育为大学组织与社会之间的沟通交流搭建了桥梁,大学组织通过体育这个载体来了解社会资讯,吸收先进的社会文化,从而加强对自身文化的改革、创新,促进自身文化的发展、完善。

二、高校体育人文素质教育的目标

高校体育人文素质教育的内在特性主要反映在其自身价值上,实施高校体育人文素质教育后最终要达到的目的就是要实现其价值,而高校体育素质教育价值实现的具体载体又是高校体育人文素质教育的目标,因此说高校体育人文素质教育的目标是高校体育人文素质教育价值实现的具体化。

高校体育教育工作者要以体育人文素质教育价值为导向而

制定体育人文素质教育目标，同时还要对我国国情、高校教育现状及各主体（社会、教育、体育和学生等）的发展需要加以考虑。作为“文化育人”的教育，高校体育人文素质教育应将主体“大学生”和客体“高校体育文化”两个方面融入教育目标中，其中客体是“育人”的手段和内容，主体是“育人”的对象，因此可以将高校体育人文素质教育的目标划分为内容目标和终极目标两个部分。

（一）“育人”内容目标

高校体育文化是高校体育人文素质教育的主要内容载体，因此高校体育人文素质教育“育人”内容目标就是高校校园体育文化建设目标，“育人”内容目标是实现“育人”终极目标的重要手段和途径。“育人”内容目标具体表现为以高校体育精神文化为导向，对高校体育物质文化、体育制度文化和体育行为文化进行科学建设，濡化深厚的体育人文精神，对人本体育管理制度进行推行，以促进高校体育文化品位的提升，实现“文化育人”目标。

下面分别对高校体育文化的各组成要素的建设目标进行简要分析。

1. 高校体育精神文化建设目标

树立人文教育理念，从高校体育发展现状出发对高校体育理念加以确立，促进高校体育精神的凝练和体育道德的彰显，为高校体育的发展提供正确的方向。

2. 高校体育物质文化建设目标

通过高校的体育物质设施、体育宣传媒介、体育标志物等体育物质文化教育要素建设，将体育文化内涵渗透到其中，将人文关怀倾注于此，促进高校体育物质文化品位的提升，以“物”化人，让体育客观物质成为“教育者”，对高校光辉的发展史加以传送，将高校教育理念诉说给学生，将学校的精神风貌、价值追求和审美情趣展示给全体学生。

3. 高校体育制度文化建设目标

高校体育制度文化建设包含的教育要素有体育传统与风气、体育组织机构与管理制度，从这些要素出发进行制度文化建设，对人本体育管理思想加以推行，使高校体育组织机构从行政型、指令型转变为督促型、服务型，摆脱文本制度管理方式的冰冷与僵化，实现新型管理方式的人性化与民主化，建构健康向上的体育风气，促进学生形成自主、自觉的体育行为习惯。

4. 高校体育行为文化建设目标

通过高校体育行为文化建设，营造良好的校园体育文化氛围，调动大学生参与体育运动的积极性，使其在参与过程中深刻领悟体育的精神，享受体育的乐趣，将体育的文化精华内化为自己的生活态度、道德准则和行为规范。

综上分析，高校体育人文素质教育的"育人"内容目标体系如图 6–2 所示。

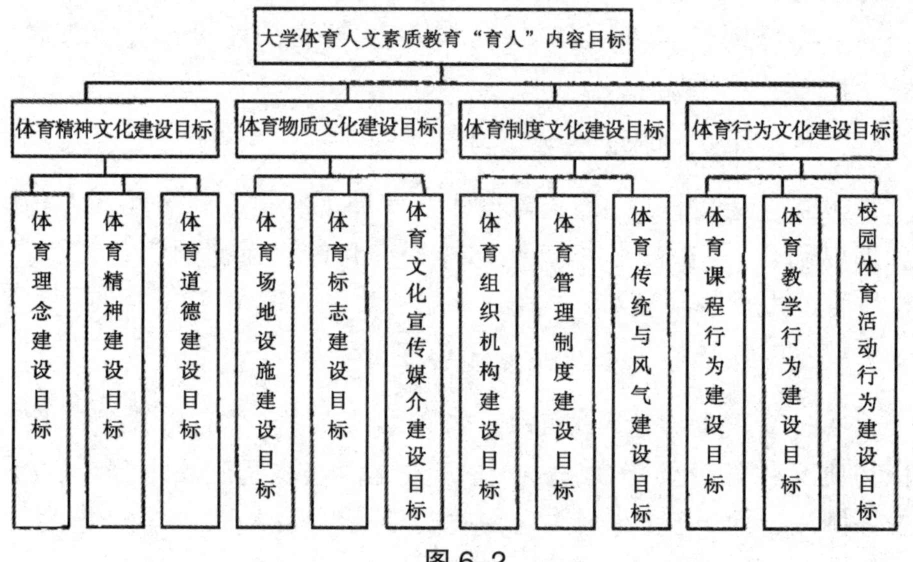

图 6–2

（二）"育人"终极目标

促进大学生体育文化素养的提升，实现大学生自由全面的发展是高校体育人文素质教育“育人”的终极目标。高校体育人文素质教育目标的本质主要体现在提升大学生体育文化素养上，而高校体育人文素质教育的最终追求是实现大学生自由全面的发展。

1. 提升大学生体育文化素养

通过高校体育人文素质教育，使大学生掌握丰富的体育知识，锻炼运动素质与运动技能，提高健康体能水平，并形成良好的体育意识、体育价值观、体育精神和体育锻炼习惯，促进各方面综合素质的提升。

2. 促进大学生自由、全面发展

体育人文素质教育在促进大学生自由、全面发展方面发挥着重要的作用。大学生获得自由、全面、充分、和谐的发展就是自由、全面的发展。从这里可以看出，一般可用四个尺度来衡量人的自由、全面发展，即自由、全面、充分、和谐。

（1）人的自由发展

人从自身兴趣爱好出发积极锻炼与提升各方面的能力即为自由发展，人发展的主观状态是自由尺度强调的重点。

（2）人的全面发展

人的各方面能力综合协调发展即为全面发展，这里的能力主要包括体力、智力、个性、品质等。

（3）人的充分发展

最大限度地发展人各方面的能力即为人的充分发展。

（4）人的和谐发展

人在自身与自然、社会、他人及自身内在性各方面的和谐关系中的发展即为人的和谐发展。

大学生体育文化素养的提升和实现自由、全面的发展是过程和结果的关系。前者是后者的前提条件，后者贯穿于高校体育人文素质教育的整个过程中，对体育文化素养的养成具有引导作用。

（三）高校体育人文素质教育目标体系建构

为了更好地理解高校体育人文素质教育的目标，促进体育人文素质教育目标的指向功能、激励功能的充分发挥，需科学构建高校体育人文素质教育目标体系，基本结构框架如图 6-3 所示。

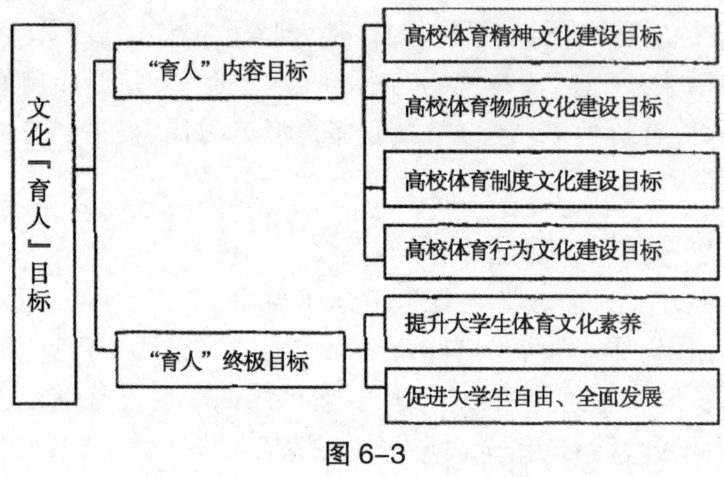

图 6-3

第三节　高校体育人文素质教育的设计与实施

一、高校体育人文素质教育的设计

（一）高校体育人文素质教育设计的原则

要顺利实现高校体育人文素质教育的上述目标，就要重视对高校体育人文素质教育的科学设计，这是非常关键的一环，如果没有合理设计内容，就只能在观念层面上构想高校体育人文教育了，而无法在实践层面上落实。有关学者以高校体育人文素质教育的机理为依据提出了以下几条设计原则。

1. 导向性原则

高校体育文化是大学文化建设的重要组成部分，两者之间的关系可以表述为“共生互动”。高校体育实践在成为大学文化的组成部分之前，必须先植根于大学文化建设中，使大学文化自身发展的内在需要得到满足。换言之，高校体育实践要成为大学文化建设中一个稳定的组成要素，要获得持续发展的动力，就必须主动承载大学使命，丰富大学文化，传承大学精神。因此，高校要以大学文化为导向设计体育人文教育的内容要素，积极完成“育人”使命，重视大学文化的传承与创新。

2. 人性化原则

高校体育人文教育要在人本理论的指导下来开展工作，不管是教育的出发点，还是最终归宿，都要落在“人”身上，因此要遵循人性化原则来设计高校体育人文教育内容，对学生的身心发展特点规律、个体差异、个性化体育需求及文化背景和现有水平等要素加以综合考虑，通过一些有效的方式方法突出学生主体地位，发挥学生的主观能动性，促进学生形成自主自觉的体育行为习惯。具体可采取的方式有以下几种。

（1）设置丰富的体育课程内容。

（2）对场地器材进行人性化改造与合理布局。

（3）对技术动作的难易程度进行适当调整。

（4）体育组织与管理制度的建设要体现人性化。

（5）开展多种形式的校园体育活动等。

3. 生态化原则

生态化是一个比较复杂的系统，具有开放性、动态性及一定的组织功能，系统里每个生态因子之间相互依赖、相互作用、相互促进，构成集系统性、整体性及动态性于一身的世界观，成为一种长期稳定的理念、思维方式和方法论体系，在教育领域得到广泛应用，为教育的深入改革与科学发展提供了新的思路和指导。遵循生态化原则来设计高校体育人文教育内容,应对教育资源加以合理配置,对组织结构进行优化,对高校体育人文素质教育的内容要素、价值主体和内外环境因素的共生关系加以协调,建立开放和谐的新型教育发展模式,实现高校教育与周围环境的和谐统一。

4. 开放性原则

在新的历史时期,高等教育逐渐呈现出鲜明的社会化、国际化趋势,主流文化的保持与发展是以开放、交流为根本源泉的,只有这样,主流文化的生命力才会愈发旺盛。从根本上来看,高校体育人文素质教育就是一种生成性教育,不能只靠某个人或组织来设计人文素质教育的内容,在这方面需严格贯彻开放性的设计原则,对国内外高校体育文化发展的先进经验进行适当的借鉴与有效地吸收,主动将知名专家、学者的科研成果作为参考来开展教育内容设计工作,同时要听取全校师生提出的意见和建议,然后从本校实际情况出发来选择对实施体育人文素质教育有价值和有意义的建议、经验及科研成果,构建富有特色的高校体育文化育人系统。

5. 全方位育人原则

在高校体育人文素质教育中,要促进"文化育人"的核心目标的尽快实现,就要站在全方位育人的角度对高校体育文化构建中所有可能体现人文素质教育的元素予以全面综合的考虑。独特的体育文化内涵和浓厚的体育人文精神应该渗透到体育课堂教学和课外体育活动中,渗透到高校的发展历史和现状中,渗透到高校的体育设施和管理制度中,同时还应渗透到每个校园人的体育行为中,只有这样,高校体育的"文化育人"之网才能形成,学生的体育文化素养在这样的环境中受到无形的熏陶和感染,从而不断提升。

6. 科学文化与人文文化融合原则

科学文化与人文文化有根本的区别,具体表现为以下几方面。

第一,前者以物为尺度,后者以人为中心。

第二,前者推崇工具理性,而后者推崇价值理性。

第三,前者借助理性手段追求真实,而后者运用心灵感悟追求美好。

整体而言,科学文化与人文文化之间存在着辩证统一的关系,前者应以后者为导向,后者应以前者为基础。在高校体育人文素质教育的设计过程中,对这两者要予以充分考虑,使二者相互融合,相互渗透,相互影响。例如,基于人和社会发展的需要来采用科学技术创造物质设施,从而使人与社会的发展需要得到满足。同时,科学文化是人文文化发展的基础条件,人文文化的发展要与人和事物的发展规律保持一致。科学精神能够指导我们"求真",而人文精神可以指导我们"求善",将二者有机融合起来,可达到真、善、美高度统一的崇高境界。

7. 人的发展与社会的发展统一原则

人与社会密切相关,任何一方的发展都离不开另一方,人的发展是社会发展的核心,社会的发展能够推动人的发展。使人本身实现全面发展是社会发展要实现的最终目的。高校体育人文素质教育中的"人"不仅是个体的人,同时也是社会中的人,因此要在坚持人的发展与社会的发展统一原则的基础上来设计体育人文素质教育要素,不能片面地将人的发展因素无限放大,也不能在体育教育中过分强调人的兴趣、需要、个性、自由及利益,这容易使体育教育走向"人本位"的极端,正确的做法是对人的发展给予一定程度的重视的同时,关注集体对个体的要求,通过体育教育培养人的集体观念、纪律观念、爱国主义精神和民族情怀,这样才能使高校体育教育真正成为促进大学生全面发展的科学手段。

(二)高校体育人文素质教育要素设计

高校体育人文素质教育要素设计是通过设计高校体育物质文化教育要素、制度文化教育要素和行为文化教育要素,对体育精神文化加以传达并将其体现出来,从而向大学生传播优秀的体育文化内涵和人文精神,以实现人文素质教育的“文化育人”目标。

1. 高校体育精神文化教育要素设计

在高校体育人文素质教育要素的设计中,核心环节是对高校体育精神文化教育要素的设计,高校体育人文教育的发展方向由此决定,高校体育文化的行为表现效果深深地受到体育精神文化的影响,设计其他文化教育要素都要以精神文化作为导向。

在大学生体育思想、体育观念、体育信念的形成与发展中,体育精神文化的渗透力极强,整个校园文化建设中都弥漫着精神文化要素,这在很大程度上影响了广大师生的体育价值取向。

高校体育精神文化教育要素设计的内容如下。

(1)体育理念

本质上来看,我们在探讨高校体育“干什么”“如何发展”以及“育什么样的人”等问题时,其实是在探讨高校的体育理念,高校体育存在的价值、职能以及终极目的等问题其实都是体育理念的问题。高校体育理念是对高校体育的基本认识和看法,且这种认识是以体育价值观念为核心的。作为高校体育精神文化的灵魂,高校体育理念是体育教育实践的先导。高校体育在高校教育中的地位直接由高校体育理念决定,高校广大师生的体育观念直接受高校体育理念的影响。

现阶段,因为不同高校对体育的人文教育价值的认识水平不同,所以对体育人文素质教育的重视程度不统一,但可以确定的是,体育人文素质教育在国内外著名大学都很受重视,纷纷通过体育这一手段来培养大学生的人文素养和文化精神,同时发挥大学生在传承校园文化方面的价值。

鉴于高校体育理念的重要性，应在高校体育精神文化教育要素设计中首先做好这一要素的设计工作，具体需注意以下几点。

第一，高校体育理念定位要以当代体育价值观为导向。

第二，高校体育理念定位要反映体育教育的本质要求。

第三，高校体育理念定位要结合高校实际情况而进行，突出个性与特色。

（2）体育道德

体育道德是高校体育文化建设的基本元素之一，是具有稳定性的体育行为准则和体育道德规范，具体表现为公平竞争、集体观念、责任感、组织纪律等。在高校体育人文素质教育要素设计的整个过程中都应将体育道德贯穿其中，这有助于使高校体育人文教育价值的内涵更加丰富。

高校体育道德教育应注意以下几点。

第一，高校体育道德教育需要正确的体育价值观引导。

第二，高校体育道德教育要注重体育实践体验与习得。

第三，高校体育道德教育需要教育者行为影响。

（3）体育精神

体育精神是体育所特有的最积极的教育因素，其产生的感染力、鼓舞力以及征服力不可估量，对人类的生活方式和体育实践具有重要的指导意义。高校在大学生体育精神培育中，爱国主义精神、人文体育精神、公平竞争精神、拼搏进取精神以及团队协作精神等都是培育的重点内容。

在高校校园中，体育精神作为一种巨大的潜在力量存在着，它是校园价值体系的精华，对大学生积极进取、战胜困难、开拓创新起着非常重要的推动作用。大学生遇到挫折时，体育精神给其支撑下去的信念与勇气，使其有恒心、有力量追求理想，实现自我价值。体育精神的凝聚力和感召力是无形的，大学生学习体育精神，能够形成正确的价值观念、道德情操和行为规范，同时这对于大学生集体意识、责任感的强化也有积极的作用。

高校体育精神教育需注意以下两点。

第一,高校体育精神凝练要与高校办学理念相契合。

第二,高校体育精神培育需要积极引导和宣传。

2. 高校体育物质文化教育要素设计

大学生在高校接受体育教育、体验体育乐趣离不开良好的体育物质文化环境。在高校体育人文素质教育中,体育物质文化作为一种载体文化发挥着重要的作用,其中蕴含的教育内涵非常丰富,对这类文化要素的合理布局有助于人与物实现充分的沟通,使人获得深刻的感悟,同时有助于大学生将丰富的体育文化内涵和深邃的人文精神内化为自身的素质,这就实现了体育物质文化的"育人"功能。在高校体育场地设施设计中,突出人性化、艺术化;在体育标识设计中,融入人文元素;设计宣传媒介以广泛传播先进的体育文化等,都有助于激发大学生参与体育活动的动机,提高大学生的体育认知水平,培养大学生的审美情趣,塑造大学生良好的人格。

下面具体分析高校体育物质文化教育要素的设计要点。

(1)体育场地设施

设计高校的体育场地设施,必须遵循人性化的设计原则,贯彻"以人为本"的理念,将人文性充分体现出来,也就是要将"人"作为体育场地设施建设的出发点和终极目标。具体来说,对高校体育场地设施进行人性化设计时,不仅要遵循工程学原理,还要对师生的经常性体育行为、心理特点及社会适应能力进行综合考虑,让师生在参与体育运动的过程中感到方便、舒适、安全,产生美好的体验,并能养成自觉参与体育锻炼的好习惯。

总体而言,对高校体育场地设施的设计需从以下几方面来考虑。

第一,体育场地设施的数量、种类和布局要使大学生多样化的体育需要得到满足。

第二,对体育场地设施规格、颜色等方面的设计要与大学生身心发展特点相符。

第三,在贯彻“经济、实用”原则的基础上做好体育场馆的空间分布、功能划分工作。

第四,充分利用自然环境来进行体育场地设施设计,因地制宜,体现独特的地域特色。

第五,在体育场地设施的设计中将大学的人文气质和体育传统渗透进去。

(2)体育标志物

在设计体育标志物时,要将体育文化的教育内涵反映出来。高校体育文化的概貌在一定程度上能够从高校体育标志中反映出来,体育标志集中体现了高校体育理念、体育精神及体育传统,所有具有标志性的体育物质设施都具有隐形的教育功能,含有浓浓的艺术气息与人文气息,对大学生的心理与行为具有感染、启迪和激励作用。

对高校体育标志物的设计需注意以下几点。

第一,高校体育标志物设计要反映大学的体育理念。

第二,高校体育标志物设计要体现高校的体育精神风貌。

第三,高校体育标志物设计要承载大学的体育精神与体育传统。

(3)体育资讯媒介

设计体育资讯媒介主要是为了对先进的体育文化进行传播。有关调查表明,学校、同伴、父母、社区宣传及大众传媒等因素都会对大学生的体育态度、体育行为产生影响,而其中大众传媒所产生影响的程度要大于其他因素。所以在高校体育资讯媒介的设计中,不应该只对体育信息进行传播,还应在精挑细选与合理加工的基础上对先进的体育文化进行广泛传播,使学生对体育的认识更加全面,促进学生正确体育价值观的形成,对其积极健康的体育态度和良好的体育行为进行引导,进而对其终身体育意识和习惯进行培养。

具体而言,对体育资讯媒介的设计需注意以下几点。

第一,高校体育资讯媒介设计要与大学生的兴趣爱好相符。

第二,高校体育资讯媒介设计要让大学生能够对体育有全面的了解和认识。

第三,高校体育资讯媒介设计要对优秀的体育精神进行传播,大力弘扬奥林匹克文化。

3. 高校体育制度文化教育要素设计

众所周知,只有大众普遍认可与积极学习文化,文化的存在才有意义,而只有依靠相关的制度规则,文化才能被认同和学习,可见文化与制度之间存在密切的联系。当制度体现为规则时,它必然能够将文化的价值、精神及观念体现出来。而当文化体现为规则时,它的呈现形式主要有风俗习惯或制度。高校体育制度文化的建设不仅是为了对人的体育行为进行约束,更是为了实现人的行为的成功内化。体育制度文化是一种规范性文化,是体育教育价值取向顺利实现的重要路径,是体育理念、体育精神、体育管理水平的集中体现。

高校体育制度文化本身就是一种不可获取的教育资源,包含一定的教育意义,良好的体育制度能够使人的体育权利意识、自主意识得到增强,促进人自我发展的主动性与责任性的提高,从而塑造完善的人格,提升人的发展层次。高校体育制度文化还能够营造一种和谐的体育文化氛围,弥漫在整个大学校园,对每个校园人的思维方式、价值取向、道德情操以及行为习惯产生积极的影响,同时强化大学生的归属感、使命感及自豪感,促进其集体意识和观念的形成,对大学生的健康品格的塑造起到导向作用。

下面具体分析高校体育制度文化中常见要素的设计。

(1)体育组织机构

高校体育组织机构属于学校行政单位,负责对校园体育文化活动的组织管理,同时对学校相关体育规章制度制定进行监督并执行制度,主要职能体现在教育及管理方面。现代组织管理学研究成果表明,组织职能、组织层次和组织职权三者共同构成了组织机构。组织机构的设计应坚持“以人为本”的理念,以服务为宗旨,将组织层次简化,使行政职权弱化,从而使组织机构的教育和人本管理的职能得到最大限度的发挥。

高校体育组织机构的设计具体要注意以下两点。

第一,高校体育组织机构设计要从行政化职能部门管理模式转化为服务化职能部门管理模式。

第二,高校体育组织机构设计要从以行政职权为重点转化为以指导、监督、检查和扶持职权为重点。

(2)体育管理制度

管理制度“不需要任何抽象的理智形式,像知识灌输一样,像道德说教一样、像行政命令一样、像法律制裁一样,从外面强加于人。它像空气一样保卫着受教育者,让他不知不觉而又自觉自愿地去感受,去体会,从而心甘情愿地接受教育”。① 因此,体育管理制度与强加于人的行政指令、纪律约束都不同。体育管理制度设计要在“以人为本”理念的指导下进行,要发挥促进人全面发展的作用,要体现人本化,良好的高校体育管理制度对大学生能够起到积极的引导、激励作用,能够对大学生参与体育的主观积极性、创造性进行培养,并能够将高校体育制度文化内化为大学生的外显行为和内心法则。

总体来看,对高校体育管理制度的设计要注意以下两点。

第一,高校体育管理制度设计要采用开放和民主的生成方式。

第二,高校体育管理制度设计要发挥制度的引导和激励作用。

(3)体育传统与风气

学校体育传统与风气形成了一种强大的体育教育氛围,其所拥有的教育力量是巨大的、无形的,这是一种特殊的校园文化,是校风的重要组成部分,是由师生员工共建而成的。学校体育传统与风气能够使大多数成员在长期的无形的影响下形成一致的态

① 何独明.大学校园文化概论[M].成都:西南交通大学出版社,2010.

度和共同的行为方式，从而充分发挥其“育人”“化人”的教育功能。

高校体育传统与风气设计需注意以下几点。

第一，高校体育传统与风气设计要建立一套切实可行的规章制度。

第二，高校体育传统与风气设计要具有普适性和教育性。

第三，高校体育传统与风气设计要突出地域特色和学校传统优势项目。

4. 高校体育行为文化教育要素设计

积极健康的体育文化氛围的形成离不开良好的体育行为文化的渲染作用，高校一旦形成积极健康的体育文化氛围，就会对学生参与体育运动的兴趣产生激发作用，使学生对体育的趣味、精神进行体验与感悟，并促进学生良好体育道德和正确体育价值观的形成，进而促进其终身体育意识与习惯的养成。而体育文化氛围的这些积极影响是通过暗示、模仿、感染和从众等多元的方式实现的。

下面具体分析高校体育行为文化教育要素的设计。

（1）体育课程

高校体育管理者行为具体从体育课程设计中体现出来，包括课程设置与结构、课程建设、课程资源开发、内容选择、课程评价等，体育课程设计反映了体育管理者的体育理念，而上级管理又制约了体育课程设计。体育课程的科学设计能够为教学工作的开展指明方向，体育课程行为对教师的体育教学行为、学生的体育学习行为都有深刻的影响。所以在校本体育课程设计中，体育管理者不仅要将国家和地方的体育课程指导纲要作为主要参考依据，还要对学生需要、社会需要、体育自身发展需要、学校办学条件和办学理念等要素予以综合考虑，具体要求如下。

第一，高校体育课程内容设计要符合大学生的群体特征，突出高等教育的特殊性。

第二，高校体育课程设置要尊重学生主体地位，突出学生自主选择性。

第三，高校体育课程建设和资源开发要因地制宜，突出校本课程特色。

第四，高校体育课程评价要采用多元化的综合评价方式，突出学习效果和社会评价。

（2）体育教学

体育教学是教师有目的、有计划、有组织地引导学生积极自觉地学习体育知识、技术和技能，增强体质，增进健康，培养品德，塑造人格，发展能力，以促进学生全面发展的教育过程。[①] 在体育教学过程中，体育教学行为具体体现为教师的仪态、教学方式和课堂管理等，这些教学行为能充分反映体育教师的教育理念、道德水平及专业素养，学校管理制度、体育传统与风气对体育教师的教学行为有重要的影响。

体育教学中，师生之间交流的最直接表现就是体育教学行为，学生的心理和行为深受体育教学行为的影响。在高校学风、教风的建设中，体育教学行为是其中非常重要的组成因素。

高校体育教学设计具体要从以下几方面出发。

第一，高校体育教师的仪态既要符合大学教师的要求，又要突出运动项目的特征。

第二，高校体育教学方式设计要以大学生为主体，激发大学生学习的能动性、自主性和创造性。

第三，高校体育课堂管理要"以生为本"，注重对大学生行为的影响、感染和激励。

（3）校园体育活动

大学生日常参与的校园体育活动主要有体育社团活动、体育文化节和课余体育竞赛活动，这也是大学生体育行为的具体体现，能反映大学生的体育意识、体育价值和体育情感，高校体育管

① 徐伟．大学体育人文教育理论与实践研究[D]．北京体育大学，2013.

理制度直接影响大学生的这些体育行为表现。

在高校校园文化与精神文明建设中，校园体育活动是不可获取的一个重要组成部分，丰富多彩的校园体育活动有利于培养大学生的体育兴趣和锻炼习惯，促进大学生体质健康和综合素质的全面提升。

高校校园体育活动的设计需注意以下几点。

第一，高校体育社团活动设计要发挥大学生的主导作用，注重宏观扶持、引导和管理。

第二，高校体育文化节设计应以育人为本，开展内容丰富、形式多样的体育活动。

第三，高校课余体育竞赛活动设计应立足于人的发展理念，有计划、有组织地开展课余体育竞赛。

二、高校体育人文素质教育的实施

高校体育人文素质教育的价值与目标能否顺利实现，关键在于是否能够科学实施相关教育工作。高校体育人文素质教育的实施需要坚持一些基本原则，采取科学有效的措施，避免盲目实施教育，否则会难以控制局面，无法实现预期效果。

（一）高校体育人文素质教育实施的原则

1. 主体性原则

高校体育人文素质教育的对象是大学生，教育的最终目的是使大学生的体育文化素养得到全面提高。学生在体育人文素质教育的整个过程中是学习的主人，他们的学习必须是积极主动的，其主体作用一定要充分发挥出来，体育教师要给大学生提供参与大学体育文化建设和组织管理的机会，将其积极主动性、创造性充分调动起来，从而促进高校体育人文素质教育的顺利实施。

2. 可行性原则

为了保证高校体育人文素质教育的顺利实施，需在实施之前对以下要素认真加以考虑。

（1）考核相关工作人员的专业素质能力，确保其适应相应岗位角色的要求。

（2）是否具备充足的体育物质条件。

（3）体育教师与学生普遍的体育价值观和体育态度。

（4）广大师生能否接受和认可一定程度的组织与管理变革。

（5）是否建立了明确的监督机制、奖励制度与保障政策。

（6）体育文化素质教育的实施目标与体育课目标是否一致或前者是否是后者的有益补充。

（7）体育文化素质教育要素内容与原来的体育文化要素之间是否能够相互融合。

3. “硬件”文化与“软件”文化相结合原则

高校体育人文素质教育中涉及“硬件”和“软件”两类文化因素，前者包括场地设施、标志物、校园体育活动、师资队伍、宣传媒介等内容，后者包括体育理念、体育道德、体育精神、体育传统与风气、体育管理制度等内容。“硬件”建设和“软件”建设密不可分，前者是后者的基础，后者是前者的条件。如果“硬件”建设情况不佳，那么就失去了很好的载体来支撑软件建设，如果脱离“硬件”而进行“软件”建设，那么“软件”建设也只能是空谈，无法对先进的体育文化进行传播，体育人文素质教育的价值也难以实现，所以只有将“硬件”建设和“软件”建设结合起来，协调发展，体育人文素质教育才能得到有效实施。

4. 共性文化与个性文化相结合原则

在高校体育人文素质教育的实施中，要有机结合共性文化与个性文化，具体从以下两个方面来开展工作。

第一，遵循高校作为社会组织的一个单元的普遍性要求，高校体育与社会存在密切的互动关系，社会思潮、社会发展水平、教育政策等因素都会对高校体育教育产生影响和制约，因此在高校体育人文素质教育中要对人类社会文化发展的普遍意义和典型规律有充分的认识，并遵循规律。

第二，遵循高校作为个体的特殊性要求，不同高校在价值取向、历史和传统、学科结构等方面有一定的区别，各有特色，所以高校体育文化教育要素也都有自己的特色与个性。因此，在高校体育人文教育的实施中，不仅要考虑高校与社会互动的共性要求，还要将高校自身的个性与特色彰显与发挥出来，与时俱进，准确定位，对自身发展的优势有清晰的认识，保持自己的个性和特色，不要一味趋同，在提高办学层次、水平及质量上多下功夫。

5. 理论指导与实践反馈相结合原则

理论与实践是矛盾统一体，前者指导后者，发现并解决现实问题，而后者检验前者，促进前者不断完善。高校体育人文素质教育的相关理论为在现实层面上实施人文素质教育提供了明确的方向和科学的参考，但在实践中实施计划时，总会遇到意料之外的情况或因理论不完善而造成的一些现实误区，此时就要及时对理论进行调整与完善。因此，应将理论指导与实践反馈相结合的原则始终贯穿于高校体育人文素质教育实施的整个过程中，不断进行全面评估、深刻反思和有效总结，不断完善理论，为实践提供更好的指导。

6. 整体规划与分步实施相结合原则

高校体育人文素质教育的实施是一项艰巨而又复杂的工程，完成这项工作，不仅要统筹规划，将其教育要素建设的目标、内容、步骤、组织管理机构及制度等科学合理地确定下来，而且还要立足学校实际情况，从高校体育的现实条件出发，贯彻“质量、速度、效益兼顾”的原则，突出工程重点，对工程的各个环节分步实施，推动各教育要素体系的协调发展，并对高校体育人文素质教育的运行机制加以建设，在实践中不断完善该运行机制，使其真正能够“外化于形”和“内化于心”。

7. 继承传统与发展创新相结合原则

继承传统与发展创新相结合也是在高校体育人文素质教育实施中需要坚持贯彻的一项重要原则,具体从以下两方面来贯彻。

第一,立足高校自身实际,对本校体育的发展历史进行深入研究,对本校体育传统、体育精神及体育特色进行认真总结,将符合高校体育人文素质教育目标的体育价值和体育精神提炼出来,并加强对本校体育传统与风气的培育和弘扬。

第二,与外界展开在体育领域的交流与合作,不断丰富高校体育文化,增强体育文化的开放性与包容性,将高校体育文化育人的特色彰显出来。注意保留传统与发展创新之间的协调发展,对任何一方都不能偏执,顾此失彼的做法与体育人文素质教育的初衷是不符的。

(二)高校体育人文素质教育实施的策略

高校体育人文素质教育的实施过程中所采取的方式方法主要有以下几种。

1. 抓人文元素

高校体育是学校教育实施的一种非常重要的方式,是大学生丰富校园生活、提高自己、全面发展的重要途径,而且在学校教育与社会生活的互动联系中,体育也是一个不可获取的中介元素,而高校体育人文素质教育实施的核心就是在高校体育中融入或渗透人文元素,它要求体育教师从大学生的兴趣爱好和多元需要出发,善于从人文知识生态结构体系、人文通识课程、人文素质教育知识生态核心课程及拓展课程以及高校校园体育文化体系中准确把握与选取人文教育元素,并在整个体育教育实践中系统、充分地运用人文元素,并突出人文教育的个性化。

2. 造人文氛围

提升大学生体育文化素养，促进大学生全面发展是高校体育人文素质教育实施的主要目的，因此必须在高校积极营造健康和谐的人文教育氛围，对体育文化教育进一步强化，同时加强校园体育文化建设，通过校园文化来营造人文氛围。作为高校人文素质教育的土壤和载体，高校校园文化建设的重要性不容忽视，因为体育课堂教学不是唯一的人文教育途径，而且课堂教学起到的作用非常有限，只有使浓郁的人文教育氛围弥漫在高校的每个角落，体育人文教育的功能才能最大限度地发挥出来。鉴于此，加强高校校园文化建设至关重要，具体应注意以下几个要求。

（1）在体育物质文化建设中融入体育精神，使富含人文元素的体育场馆、雕塑、标语、标识等文化载体充分散发自己的魅力。

（2）加强对主体性体育课程（民族类、时尚类）、主体性文化品位体育项目（运动处方、体育欣赏）等的开设与建设，从而使教育主体的体育需求得到满足。

（3）充分运用校园媒体资源对先进的体育文化进行传播，在文化传播中严格遵守“适时”“适地”“适人”的原则，将体育相关资讯及时传播给大学生。

（4）大力宣传校园体育中的典型人物和事迹，将体育明星、体育模范等的榜样效应、感染效应、励志效应充分运用起来，从而组织开展各种不同形式的人文教育活动。

（5）重视开展校园体育文化活动，活动内容应丰富，组织形式应多样，以便实现体育文化与校园文化的有机契合。需要注意的是，组织开展校园体育文化活动必须在立足于本校办学理念和办学宗旨的基础上进行。

（6）发挥高校体育社团、体育俱乐部的作用，开展丰富多彩的体育文化活动，积极拓展体育人文环境，营造体育文化氛围，使大学生从中受到熏陶、感染和激励。

（7）培育优秀的体育师资队伍，培育体育教师的人文素养，提升整体的素养水平，具体涉及的内容包括使命感、职业操守、道德修养、体育观念、体育精神、人文科学知识、人文情怀等。

（8）加强对体育教学方法的改革与创新，使大学生在体育学习中获得丰富而深刻的主体体验，并有展现自己创造性的平台。具有普遍意义的创新教学方法有情境教学法、诱导教学法、探究教学法、合作教学法以及心理学与体育学科相结合的其他教学方法。

3. 用文化资源

在高校体育人文素质教育的实施中，要将体育历史名人、体育优良传统、体育文化事件、体育优美故事以及体育文明成果等一切对提升大学生人文素质有价值的优势文化资源充分利用起来。高校体育文化资源的开发形式丰富多样，常见的形式有以下几种。

第一，基于本地体育文化素材对乡土教材、校本教材进行编写，使之成为体育课程教材的有效补充。

第二，体育教师应积极拓展课程资源的识别范围，促进课程资源利用程度和效率的提高，对具有创造性和鲜明特色的体育课程资源进行鉴别、开发、积累和利用。

第三，在新课程观念下教育者转变传统课程观，在教学实践中与受教育者共同对课程进行创造、开发与实施。

高校应在严格贯彻地域性原则、集体性原则以及优先性原则的基础上对本地体育文化资源进行开发与利用，这是对本地体育文化资源开发利用的关键，贯彻这些原则要求如下。

（1）对大学生对体育运动项目的兴趣进行调查，然后按照这个标准进行分类。调查时主要从参与形式、锻炼手段着手进行。

（2）对体育场地器材进行创造性的开发和使用，并对具有参考性的运动处方进行制定。

（3）加强对课外体育活动机制的科学建立，对学校体育事件的发生过程应及时总结和深刻反思。

（4）将校内外资源广泛利用起来，充分发挥网络资源的作用和优势。

高校应善于将本校的知识优势、人才优势充分利用起来并对本地具有人文内涵与人文精神元素的文化资源进行开发与改造，从而在高校体育人文素质教育中将这些养料融入进去，使之成为大学生的精神食粮。高校在体育人文素质教育中将本地体育文化资源充分利用起来，容易获得大学生的文化认同，能够使大学生的情感体验更丰富，并使大学生感到亲和和可追慕，从而产生自觉主动学习的内在动力。

4. 重教师素养

高校体育人文素质教育的实施离不开体育教师这一主体，体育教师良好的人文素养和专业素养是顺利实施体育人文素质教育的重要保障。在体育教育实践中，不仅要求管理者提高认识水平，转变传统观念，更需要在一线工作的体育教师具备良好的文化素养和专业素养。有关研究表明，政策导向并不是学校体育问题的根源，体育教师自身的素养才是学校体育问题的关键。

体育在我国学校教育中是边缘学科；喜欢体育而不喜欢上体育课的学生比比皆是；我国多次进行学校体育改革却依然存在很多问题；体育教育理念在体育教育实践中难以落实；我国体育教育与西方国家相比明显落后，等等，这些问题的存在与我国的教育体制、体育经费、体育保障措施等方面的原因有关，这是不可否认的，但这些原因根本上又是人的问题，主要是体育教师的问题。如果体育教师缺乏正确的体育观念，使命感不强，人文素质和道德修养较差，专业素质能力不符合时代要求，那么教育体制、制度再完善，经费再充足，保障措施再有效，也无济于事。因此，在当代体育人文素质教育中，体育教师的素养问题是迫切需要解决的问题。从专业化的视角来看，提升体育教师的素养要从以下三个方面入手。

（1）明确体育教师应该具备什么，为选拔与培养体育教师提供依据。作为专业教育工作者，体育教师在经过系统的教育和培训后必须具备良好的素质，见表 6-3。

表 6-3　体育教师应该具备的素质

素质类型	素质内容
专业情感	职业道德：为人师表 专业精神：终身从教 专业态度：提供优质服务 教师个性：积极健康
专业知识	“学术性”与“师范性”的统一 “学科性”与“教育性”的统一
专业技能	身体认知与教育的能力 语言讲解与动作示范的协调配合能力 体育教学设计与操作能力 运动训练的专项能力 体育竞赛的组织与裁判能力 对体育文化育人功能的开发能力 自我反省和分析解决问题的能力

（2）明确体育教师应该做什么，为体育教师履行工作职责指明方向。

在当代高校体育教育中，体育教师扮演着多元化的角色，教师的角色随着教育工作的变化而不断变化，常见的角色变化见表 6-4。

表 6-4　在体育教育相关工作中体育教师扮演的不同角色

体育教育相关工作	体育教师扮演角色
在教育、教学活动中	研究者
	设计者
在课程资源拓展中	开发者
	选择者
	实施者
在教学过程中	学习者
	服务者
	指导者

续表

体育教育相关工作	体育教师扮演角色
在教学过程中	合作者
	激励者
在课外体育活动中	引导者
	组织者
	沟通者
在体育文化建设中	传承者
	创造者
其他	行为规范的示范者
	健康教育的兼职者

（3）明确体育教师如何成为优秀的教育工作者，为体育教师的工作指导与评价提供依据。

明确如何成为优秀的体育教师这个问题，能够为优秀体育教师指南及评价标准的编制提供依据，而且还能激励体育教师自觉学习，主动研究，及时反思，不断更新教育观念，深入挖掘体育育人价值与功能，对体育育人的途径进行深入探索。

5. 靠制度导向

健全完善的制度能够使人的权利意识、自主意识得到增强，使人自我发展的责任性得到提升，从而使人的发展层次不断提高，人格愈加健康和谐。相反，不好的制度会严重制约与阻碍人的身心发展，限制人的创造性的发挥，使人的批判意识、独立意识、怀疑精神和探究精神受到压制。大学制度并非必然会生成制度文化，但优质制度是制度文化生成的基础条件。高校要加强对严明的组织纪律与完善的规章制度的建立，从而使体育教育工作的秩序和效率得到保障，同时也要将高校制度的凝聚激励功能、教育引导功能、协调融合功能以及引领创新功能充分发挥出来，确保教学思想的与时俱进和教学实践的改革创新。

高校制度的导向作用在高校体育人文素质教育实施中的发挥需要从以下几方面着手。

第一，在高校体育制度体系建设的整个过程中贯穿“以人为本”理念，从以行政职权为重点转变为以指导、监督、检查和扶持职权为重点，重视人的主动性和创造性的发挥，把高校体育教育引向追求个人与集体和谐、兼顾集体效益、尊重个人尊严的新境界，如建立能够体现人性化的组织管理制度、能够确保人尽其才的人事管理制度、具有鼓励创新功能的教学管理制度及能够突出自我管理的体育锻炼行为制度等。

第二，以民主、开放的方式制定制度，制度的生成程序要体现自下而上原则，鼓励全体师生员工参与制度制定，广泛听取建议，使大多数人的利益需求得到保障，集中多方智慧、集合多方力量来制定制度，能够使体育相关制度更有实效性与权威性。

第三，使体育相关制度的激励功能得到最大化的发挥，并发挥制度对师生体育观念和价值取向的引导作用，在尽可能满足广大师生体育需求的原则下完善体育管理制度。

第七章　大学生体育人文素质的培养路径

随着时代的发展与进步,社会对人才的素质和能力提出了更高的要求。高校是塑造人才的摇篮,大学生是未来社会事业发展的后继力量,其综合能力对国家的整体发展有着直接的影响。加强对大学生人文素质的培养,既是社会发展的迫切需要,也是高校体育改革的重要任务。篮球、体操、健美操是高校体育教学中开展较为普遍的课程,这些课程深受大学生青睐,在大学生人文素质的培育中起到积极的作用,也是大学生自由、全面发展的重要途径。因此,在这些课程的教学中渗透人文素质教育是相当必要的。

第一节　健美操教学对大学生人文素质的培养

一、高校健美操教学中蕴含的人文素质

(一)意志品质

健美操是一项艺术性较强的体育运动,其内容丰富,形式多变,是体育艺术的重要组成部分。健美操运动对学生身体的柔韧与协调性有较高的要求,如果学生初次接触健美操运动,而且之前也没有学习舞蹈和体操的经验,那么其在学习过程中会遇到意

想不到的困难,如因为没有较好的协调性而无法将动作做到位,易疲劳等。但是如果学生可以坚持不懈,勤学苦练,主动克服困难,以顽强的意志力来学习动作,则会取得很大的进步。对健美操成套动作的学练必须从基本动作开始,经过各种基本动作的反复练习,打好基础,才能慢慢向组合动作和成套动作的学练过渡。学习到一定阶段后,学生还要进行团队训练,在不断变化的队形中进行操化训练,这对学生而言是锻炼自身力量、柔韧、协调及灵敏性的好机会,同时也有助于对学生的顽强意志品质进行培养。

总之,健美操理论教学能够对学生正确的价值观进行培养,实践课教学有助于促进学生良好意志品质的形成。正确的价值观与顽强的意志品质是现代大学生的必备素质。

(二)合作精神

作为全局观念和团队意识的集中体现,合作精神也是高校健美操教学中蕴含的人文素质,尊重个人兴趣、需要、动机以及成就是合作精神的基础,协同合作是合作精神的核心,全体成员的向心力、凝聚力是合作精神的最高境界,统一个体利益和整体利益,使整个团队向共同的目标奋进是合作精神所反映的重点内容。在健美操教学中,团队成员要将个人利益与集体利益统一起来,发挥自己的个性,展现自己的特长。在整个团队的练习与考核中,正因为有合作精神的强大力量,成员才能高质量地完成队形的变化和各个动作。只有团队所有成员齐心协力,才能形成团队精神,而这又是高质量完成表演或比赛的前提。需要注意的是,团队成员服从集体不应以过分牺牲自己的利益为代价,要争取做到两者利益的统一,要鼓励每个成员发挥创造性,挖掘每个成员的潜能,促进每个成员自我价值的实现。成员之间相互帮助、鼓励,共同前进,为提高运动成绩而共同努力。

（三）审美情趣

健美操运动具有审美价值，作为健、力、美充分结合的运动项目，健美操的审美价值使其本身得到了大大的改善。大学生参与健身操运动，实现了对美的追求，同时也欣赏美，不断创造美，并在这个过程中塑造自己的人格，形成富有个性的人文素质。健美操日益普及与其审美价值有很大的关系。

全人类都追求健康、力量和美丽，健美操能够锻炼人的体力，使人的体魄健美，而且技术多变，编排流畅，这些都能满足人们对健、力、美的追求。同时健美操运动音乐动感，旋律优美，这些都增强了健美操运动的艺术性。通过欣赏健美操动作编排、实践练习中的形体美、环境美以及套路美，能够引导学生对事物的美与丑形成正确的理解，做出准确的判断，对其鉴赏美丑的能力进行培养，促进其鉴赏美的能力的提高。另外，学生也可以在参加健美操运动的过程中将自己的各种心境、状态表达出来，在舞蹈动作中融入自己的心情，在健美操中赋情，在不断的探索中全方位领略健美操的“美”。

（四）创新精神

现代科技的发展使社会生产和生活发生了深刻的变革，人的创造力在当代社会竞争中非常重要。创新能力这个概念本身就具有广泛的内涵，决定创新能力的基础是想象力，关键是创新思维能力。在素质教育背景下，学校不能一味向学生传播知识与技能，更要重视对学生科学思维和能力的培养。健美操运动由一系列动作组合而成，节奏感强，动作优美，健美操教学能够为学生提供广阔的变化和创造的空间，使学生的主观能动性、创造性得到充分发挥，让学生自己编排健美操动作并自己完成表演。在健美操单个动作、固定套路的教学中，教师可以指导学生分组创编组合动作，组内成员相互交流、配合，这有助于对学生的创造思维性能力和合作能力进行培养。学生小组讨论定型后，各组分别展示自己创编的健美操动作，然后各组互评，评价内容包括动作创编的新颖性、动作的协调流畅性、动作搭配的合理性等。高校健美操教学中可以进行大量创新，单个动作、组合动作、套路动作等都可以作为创新的对象，另外学生也可以在个人造型、队形方面、在动作方向和路线、动作节奏和频率上加以创新，表现出自己的独创性。

事实上，学生参与健美操运动学习与练习的过程本身就是发挥自己创新思维与创新能力的过程。学生只有发挥主观能动性，发挥创新性，才能对风格独特的健美操套路动作进行创编。而鼓励学生自主创编动作能够将学生学习健美操的兴趣激发出来，同时促进其创造性思维能力的提升。当学生充分发挥想象力，创造性地选择与组合健美操动作，选编音乐的，创造出来的健美操会形式多样、富有个性和特色，这样便丰富了健美操内容，使健美操运动更富有魅力，从而吸引更多的大学生参与其中。

二、高校健美操教学中渗透人文素质教育的原则

（一）系统性原则

科学知识作为教学内容本身具有内在逻辑联系，学生的认识活动是由已知导向新知的，有一定的顺序，而且学生智力和学习能力的发展也有自身的规律，这些都决定了在体育教学中要严格贯彻系统、循序以及连贯的原则，这也是现代教学论的基本观点。如果不按顺序教学，与教学的客观规律背道而驰，就会使教学受阻，影响教学的顺利进行与教学效果。只有系统地、循序渐进地学、连贯地教学，才能保证学生系统掌握教学内容，逐步深入地认识客观世界，不断深入理解所学知识，健美操教学也应如此。有序开展健美操教学工作，将人文素质教育逐步渗透其中，有利于学生一步步牢记健美操知识与技能，学生在大脑中将所学知识融

会贯通,编入相应系统后,在日后要用到相关知识时也方便检索。

（二）价值性原则

价值性原则指的是将人文素质教育渗透到健美操教学中时,要将理论和实践两方面的价值体现出来,也就是学术价值和应用价值。在健美操教学中融入人文素质教育,要使健美操教育科学本身的发展需要和健美操教育工作的实际需要同时得到满足。社会的不断进步和健美操运动的不断发展也要求不断更新与完善健美操教育理论与实践。通过完善健美操教育的理论体系,充分发挥理论对实践的指导作用,增加科学指导力度,这也是不断提高人类对教育的认识水平的关键。在健美操教学中渗透人文素质教育,对学生树立正确的世界观、人生观和价值观进行科学引导,同时满足教育事业的发展需要,这都是理论价值和应用价值的体现。

（三）开放性原则

只有在开放的环境中才能培养出真正的人才。在高校健美操教学中渗透人文素质教育,要坚持开放性原则,具体是指要鼓励学生参与教学活动,给学生留出思考与拓展的时间与空间,以使学生更深刻地理解理论和实践。教师在教学活动中主要是将相关信息对外辐射,而学生主要是接收信息。开放性原则要求在教学中营造和谐的氛围,要求教学环境要有助于学生主体性与创造性的发挥,易于被学生接受,没有威胁性,师生关系融洽,使学生抱着自由独立的探索心态积极参与各种活动。在允许提问与自由探索的教学环境中,学生的学习积极性会被激发出来,并能获得极大的满足感。

将人文素质教育融入健美操教学中时,贯彻开放性原则需注意以下两点。

第一,突破传统的过于封闭的健美操教学模式。

第二，要在一个开放的教学环境中传播人文精神，使学生在自由的环境中感悟人文精神。

（四）个性化原则

在高校健美操教学中渗透人文素质教育也要遵循个性化原则，即对学生的不同兴趣爱好、特长及其他个体差异给予充分的尊重，鼓励每个学生的独创性，引导学生独特创造性与个性的发挥。个性化原则要求从学生的个性化差异出发选用教学方法，将学生的主观能动性充分调动起来，对学生的独立精神和创新意识进行培养。只有尊重学生的个体差异，鼓励学生的独创性，才能为人文素质教育的实施奠定基础。

（五）实践性原则

传统应试教育重视传授基础知识，主要是教师向学生单向灌输知识，而对基本技能的训练和学法指导不够重视，这严重制约了教育效果。将人文素质教育渗透到健美操教学中时，不仅要传授基础知识，还要重视基本技能的训练，加强对学生的学法指导，提高学生的自学能力。

三、高校健美操教学中培养大学生人文素质的途径

（一）充分认识和肯定健美操运动的人文教育价值

培养大学生的人文素养需要一个长期的过程，而且也离不开相关政策、丰厚资金、硬件设施和充足课时等各方面的大力支持。当前，我国高校健美操教学中存在教学条件较差、课时安排不足等问题。健美操运动具有健身性、娱乐性、大众性等特点，对培养大学生的身心健康素质与人文素质具有重要作用，这都是健美操运动本身具有的优势。随着教育的深入改革，素质教育被全面推

广,科教兴国战略受到极大的重视,在这一背景下,要积极争取教育部门和学校管理部门对健美操运动的关注与重视,使有关部门能够从人才强国战略出发对健美操的价值有深入的认识,改变过去过分依赖“两课”来培养大学生人文素质的做法,积极发挥健美操运动在培养大学生人文素质方面的作用,从政策、资金和硬件设备等方面着手大力支持健美操运动的推广,适当增加健美操课时。同时,高校应及时更新体育教学理念,从“唯生物体育观”向“多维体育观”转变,使健美操运动在校园文化建设、人才教育成长等方面的价值与作用得到最大限度的发挥,高校还要不断完善健美操教育理论体系,同时发挥理论对实践的指导作用,在实践教学上加大力度,使健美操体系的内涵和功能不断拓展,促进具有特色的健美操教育体系的形成。

(二)构建融入人文素质教育的健美操课程体系

当前,我国大多数高校的健美操教学还没有形成较为完善的课程体系。高校构建健美操课程体系,应将健美操运动的健身性、文化性、审美性等特征结合起来,并尽可能将这些特征彰显出来,同时坚持以“全面发展”为指导思想,对大学生积极向上的价值观和世界观进行培养。

构建融入人文素质教育的健美操课程体系,首先要对高校健美操教学内容的设置进行优化,有针对性地开设健美操普修课和选修课,将丰富的健美操运动项目引进体育课堂,从而构建具有时代性、时效性且融合了人文素质教育的健美操课程体系。高校在健美操教学内容设置中应突出结构性、系统性、理论性、科学性以及前瞻性,并强调教师与学生之间的互动与学生的自主创新,对传统的灌输式教学模式进行改革,打破旧体系的约束,建立新型健美操课程教学内容体系,加强对学生的学习兴趣、个性发展、身心健康以及审美能力与创新能力的培养等。

健美操理论的主要作用是指导健美操实践,因此学习健美操理论课知识非常重要,学生对健美操特点、规则、编排、赏析、保健等基本理论的掌握与理解，有助于在健美操实践学习中快速掌握技术技能，理论课教学能够为大学生体质的增强、技能的提高奠定基础。对健美操课程理论内容的设置需参考健美操教学目标，具体包括总体培养目标、教学层次目标及单元教学目标。从这些目标出发设置理论教学内容，有助于促进大学生不断了解与掌握健美操基本知识与要领，提高大学生对健美操相关知识的理解能力。

在加强健美操基础知识传授和基本能力培养的基础上，教师要组织大学生对具有概括性、变换性、典型性的健美操技术动作进行学习，充分掌握健美操基本技能，同时对大学生创编舞蹈动作的意识与能力进行培养，促进大学生技能运用能力与创造能力的提升。

此外，对健美操教学内容的适当扩充非常必要，可将街舞、爵士舞等时尚流行、风格独特且具有人文教育意义的项目融入健美操课程体系，丰富健美操课程内容。

（三）拓展参与健美操的途径，提高大学生人文素质水平

大学生参与健美操运动的途径对高校健美操教学的发展也有直接的影响。高校应不断拓展大学生参与健美操运动的途径，多提供一些平台与机会，使大学生在长期的健美操运动接触中对这项运动产生兴趣，激发大学生的主动参与意识，同时利用多渠道培养大学生的人文素质。

具体而言，可以从以下几方面来拓展大学生参与健美操运动的途径。

1. 加强高校健美操俱乐部建设

高校成立健美操俱乐部，开展形式多样、内容丰富的健美操活动，能够为大学生参与健美操运动提供多元化的渠道，从而促进大学生人文素质教育内容和形式的不断丰富，培养大学生对健美操的兴趣，使大学生通过亲身参与俱乐部活动而获得深刻的体

验与美好的享受,进而将参与健美操锻炼作为自己的一个习惯保持下去,使健美操真正融入大学生的日常生活,随时随地发挥人文素质教育的功能。

2. 丰富健美操课外活动

课外活动是健美操课堂教学的有效补充与延续,能够使学生的实践活动时间变得更加充足,学生可以从自己的现实情况考虑来选择适合自己的课外活动。在课外健美操活动的组织管理中,需要注意对领操员制度的建立,从而使有健美操运动天赋和专项特长的学生的潜能得到充分发挥。高校还要不断创造与改善各方面的环境与条件来促进健美操课外活动质量的提升,如对健美操房的硬件设施加以完善,重视对健美操管理人员的培养等。

3. 举行健美操比赛

举行健美操比赛可以对大学生的竞争意识、团队协作意识进行培养,强化其责任感,还能促进其组织能力的提升,从而使课堂教学的不足得到有效的弥补。

(四)选择符合人文素质教育要求的教学方式

目前,高校健美操教学中教学方式的问题非常明显。在新时代,社会每天都有新变化,每天都会涌现出大量的新知识、新技术,将这些资源利用起来,对各种教学手段进行合理选择、优化组合及有效实施,能够促进教学效率的不断提高。高校健美操教学也应注重对多元教学方式的选用。

高校健美操教学要求学生做动作时达到整齐划一,即步调一致、节拍一致的效果,这有利于教师维护良好的课堂秩序。但健美操教学不单要教学生掌握健美操技术动作,还要培养大学生的健康体质、正确体态,塑造优美形体以及陶冶情操。大学生逐步掌握健美操基本知识和技能后,要注意教学组织形式应随着教学阶段的变化而变化,最后过渡到自主学习模式。这有利于对大学生的创造思维能力、自主学习能力进行培养。

在健美操教学中，教师可以让学生分组创编组合动作，并提出具体的编排原则与要求，如由躯干到四肢，由原地到移动，由移动到跑跳，由上至下，由慢到快、由简到繁等，组内学生相互讨论与交流，以培养学生的合作能力，激发学生的练习兴趣，发挥学生的想象力和创造力，充分展现当代大学生的自主学习与创新精神。

此外，在健美操教学考核中，为了达到人文素质教育的目的，要适当调整考核内容，加强对考核方式的改革，将能力考核所占的比重适当增加，争取通过健美操考核促进大学生身心素质、认识能力和实践能力的全面发展。

第二节 体操教学对大学生人文素质的培养

体操在学校体育教学中有着悠久的历史，很早就已成为学校体育课程之一，在学校体育教育中占据着重要的地位。很长一段时间以来，体操教学的内容大都局限于体操基本常识与体操技能练习两个方面，缺乏对大学生人文素质的培养，这在一定程度上制约着大学生的进一步发展，因此在体操教学中加强大学生的人文素质培养非常重要。

一、体操教学中大学生人文素质培养的内容

（一）体操运动对大学生思想品德的激励

在大学生的人文素质教育中，思想品德教育是其中重要的一方面。它是人文素质教育的灵魂和保证。一方面它可以从思想政治上保证育人的方向，另一方面又能为学校教育提供重要的动力，促进学校素质教育的发展。竞技体育是一个国家综合国力的象征，它与一个国家的国际地位和威望紧密相连，体操项目在我

国的竞技体育发展中也是处于举足轻重的地位。体操运动员在比赛中拼搏,更多是为国家的荣誉而战。爱国主义融汇于体操中,国人也在这个精神的感染下勤奋学习、忘我工作,为国家建设出谋划策。中国体操健儿的“拼博”精神是中国人民建设现代化祖国的精神,也是我国体操运动在培养人文素质方面的独特贡献。因此,在平时的学校体育教学中,教师要多宣传我国体操健儿的辉煌事迹,这对大学生能形成极大的精神激励,促进大学生思想品德的完善。

(二)体操运动知识对大学生文化素质的培养

现代社会的不断发展对人才的知识结构提出了较高的要求,人们要想具备较强的社会竞争力,就必须要不断提升自身的综合素质,可以说,综合素质对人们的就业影响越来越大。在这样的背景下,就要求大学生必须要优化和完善自己的知识结构。以体操教学为例,不仅要掌握与体操运动有关的理论知识,也要涉猎其他学科知识作为辅助和补充,形成一个多学科相交叉的综合知识体系。[①] 体操运动的科学研究呈现出与多学科相交叉的发展趋势,研究领域涉及医学、心理学、社会学、教育学、哲学及历史学等十几种学科,具有完善的理论体系并包含丰富的人文内涵内容。在学习体操知识时,除了学习技能,还要注重体操运动人文知识的学习。在体操教学过程中引入整体观、结构观、重学观、空间观、发展观和审美观等教学新观念,在学生掌握知识和发展能力的过程中体现了“以人为本”的理念,这样能很好地促进学生的全面发展。只有学生得到全面发展了,才能提升自己的竞争力,在将来走向社会后能有较强的适应能力。

① 陈健.高校体操训练过程中人文素质的培养内容与途径[J].通化师范学院学报,2006(04):95-97.

（三）体操运动对大学生心理素质的培养

人的成功路上少不了一定的困难和挫折，要想成功就必须要具备坚强的毅力和持之以恒的精神。在体操运动中，有高杠720° 大回环、跳马等高难度动作，这些动作对人的技术要求较高，在练习的过程中容易造成运动损伤，这极大地影响学生的学习态度和自信心，这就要求教育学生不能因为伤痛而放弃对成功的追求，否则就难以获得成功。竞争无处不在，体操教学训练中同样如此，包括体操理论知识的强弱、运动技能水平的高低和比赛中的胜负对抗等，要求学生具有强烈的竞争意识，采取正当的竞争方式，用进步与提高战胜对手。同时还应具有正确的竞争观念，保持积极乐观的心态去对待体操活动或比赛。

（四）体操运动对大学生社会适应力的培养

人是一个社会性动物，要想在社会上更好地生存与发展，就必须要具备一定的社会适应能力。社会适应能力是指个体与他人及社会环境相互作用，处理人际关系和实现社会角色的能力，现代社会的高速发展要求人们对所处环境有高度的适应能力，主要包括：自我心理调节能力、沟通理解能力、观察应变能力、独立处理事务的能力等。这些都是现代社会对人才要求的最重要的条件。体操教学与训练过程给学生适应能力的培育提供了可能，生活中的情感问题、就业压力及家人期待时常会引起学生在学习和训练中的情绪变化，他们虽然都已具有独立性，但情感控制力还较差，体操训练和比赛要求学生全身心投入，因此理性心理调节需渐进提高。体操训练和比赛时常以相互“帮保”的形式出现，要求学生必须具有良好的沟通、协同能力，才能顺利完成技战术以取得比赛的胜利，具备了这种能力才能融入到社会大环境中去。比赛中要面临许多瞬息万变的复杂信息，如助跑步点不对、技巧类动作中前一个动作出现失误等，因此迅速地分析这些信息并做出合理的技战术动作,提高应变能力才是取胜的关键。故而,在体操教学中加强学生社会适应能力的培养非常重要,这能为大学生毕业走向社会提供强有力的帮助。

(五)体操运动对大学生审美能力的提高

体操可以说是一种优美的形体艺术,在体操训练和比赛中,要求运动者所做的单个动作或成套动作都能唤起人的美感,都要求动作准确、协调、幅度大、节奏感强、姿态优美。如团体操、女子自由操、健美体操、艺术体操和技巧运动在音乐伴奏下,再加上体操运动员本身的体形美,都能给观众一种美的享受。而优秀的体操运动员,就能把体操的美淋漓尽致地表现出来,如俄罗斯名将霍尔金娜,"她一走上体操场地,她那窈窕的身材、娇好的容貌、优雅的气质、迷人的风采使她有一股说不出的魔力,吸引了观众,征服了裁判"。爱美之心,人皆有之,对美的追求、向往是人的正确性,也是催发人们不断进取的动力,尤其是人体的美是体型美、姿态美、动作美和气质美的高度结合。学生通过体操的练习,不仅使身体匀称、和谐、健美地发展,使形体动作姿态得到训练和改善,而且有助于培养他们朝气蓬勃、积极向上,具有旺盛生命力的外在形象,充分体现出时代气息的美,更重要的是提高他们对人体美的认识和理解,进一步激发他们追求现代人体美的热情,使形成人体美以及表现人体美成为他们学习和生活中所追求的目标,从而培养学生健美的体态以及良好的审美素质。

二、体操教学中大学生人文素质培养的对策

(一)更新高校体操课程教育理念

更新体操课程教育理念是体操课程人文素质培养目标实现的首要条件。教育理念决定教育行为,有什么样的教育理念,就有什么样的教学行为。我国高校体操课程的传统教育理念是物

本观的，片面地强调体操课程的动作技能和物化层面的功能，忽视体操课程对体育教育专业人才培养方面的社会人文价值。这种教育理念严重制约了体操课程对体育教育专业人才培养的育人功能的发挥，削弱、消解了体操课程的人文价值，因此应予以更新，高校体操课程的教育理念应以体育教育专业体操课程人文价值的应然状态为导向，对体操课程目标和基本路径进行设定：体操课程应以促进体育教育专业学生的全面发展，体现体操课程对体育教育专业学生的终极关怀。这种教育理念的核心和本质精神在于“健体、塑心、育人”，践行这种教育理念的体操课程不满足于对学生进行体操技术、技能、知识的传输和增强学生体质，更注重通过体操文化特质中蕴含的人文价值对学生进行体身心智美的完整塑造。

为了保证落实与贯彻体操课程教育理念，学校教育部门及领导应加强体操课程人文素质教育。首先，学校加大对体操课程的重视程度，加强对体操课程的经费投入，保证体操课程的课时和教学条件，促进体操课程的正常运行；其次，教师应加强体操课程人文价值的研究学习，正确认识体操课程的人文价值，确保体操课程的开展与体操教育理念相契合。

（二）创立良好的培养环境

学校是学生生活和学习的场所，校园的人文氛围对大学生人文素质的培养具有重要的作用，因此要优化校园人文氛围，给学生提供一个良好的培养环境。

第一，设置我国体操运动历史的展览馆，使学生了解中国体操运动发展的历程，激发学生参与体操运动的热情。

第二，定期举办有关体操运动的专题讲座，让学生了解本领域的前沿知识和学术动态。

第三，成立课余体操（或健美操）俱乐部，为学生提供一个良好的学习平台，提高学生的人际交往能力。

（三）提高体操教师人文素养和业务能力

在体操教学中，教师占据着重要的地位，是教学组织的核心，体操课程人文价值的实现关键在于教师。体操教师的言传身教都对体育教育专业学生产生潜移默化的影响，体操教师必须具备良好的人文素养，才能从根本上去理解体育教育专业体操课程的人文价值，体操教师对体育教育专业人文价值的理解将影响到体操教师的教育理念，从而决定体育教育专业体操课程的开展。教什么、怎样教将影响到体育教育专业学生的学习效果，因此，提高体操教师的人文素养和业务能力，促进体操教师对体育教育专业体操课程人文价值的认识，能有效地促进体育教育人文价值在体育教育专业体操课程中的实现。[①]

总的来说，提高体操教师人文素养和业务能力可从以下方面进行。

1. 紧跟时代发展的步伐，更新体操课程教育观念

随着社会的发展，对体育教育专业人才的要求在不断地提高，随之对体操教师便提出了更高的要求，体操教师应积极参加在职教育和继续教育，不断提高自身的人文素养。

2. 了解体育教育专业体操课程的人文价值，提高体操课程教学的能动性

加强体操教师对体育教育专业体操课程人文价值的认识，有利于体操教师结合体操课程的特点和体育教育专业学生的个体差异进行有针对性的教育。高校可以给予支持，举行相关的讲座或培训，使体操教师对体育教育体操课程的人文价值进行进一步的解读和培训，或体操教师自身在课余时间，成立专门的研讨室，组织体操教师进行体育教育专业体操课程人文价值认识教育、专业知识教育、学术讨论、心得体会交流等活动，在课外进行有效的

① 付丹．体育教育专业体操课程的人文价值及其实现途径探讨[D]．湖南师范大学，2015.

“充电”。

3. 促进人格的自我完善，构建复合型文化知识结构

体操教师通过与外界的交往将习得的文化通过内化过程形成内在精神和价值意识，包括文化知识、思维方式、价值取向、审美情趣等精神收获。教师自身要不断通过自学来掌握先进的教学理念，掌握更多的人文知识，不断完善自己的知识结构和能力结构，这样不但可利于提高自己驾驭课堂的能力，而且还可以起到身先垂范的作用，帮助学生形成健全人格，实现体育教育专业体操课程的人文价值。

（四）不断拓展体操课程内容

体育教育专业体操课程人文价值必须借助具体的教育内容来实现。体育教育专业体操课程是一种全面育人的教育，其教育内容首先要全面、完整，也就是要在人本原则指导下，将科学教育、社会教育和人文教育的相关内容纳入自身，将身体健康教育、心理健康教育、社会健康教育的相关内容融为一体。

在体操教学中，高校应充分挖掘体操课程的人文教育资源，使体操教学不再停留在其工具理性上，而应有所拓展，使体操课程更生动，更有意义。比如，关于拓展体操理论知识的教学内容，高校可以通过体操发展历史与发展的趋势的教学，使学生了解推动体操发展的因素，了解体操对于人类发展、对于社会的发展的价值。这些知识的意义在于把体操知识与人类关系联系起来，使体操更具有人文价值，同时也能激发学生发现、探索和创造的欲望，为人类和社会的发展作出自己的贡献。同时，可通过对体操健将的介绍，使学生了解他们在成功的道路上所付出的努力以及他们身上体现的人格力量，这对于增强学生的精神力量与创造意识具有远远超出体育知识所能提供的价值。另外，还可借助多媒体和互联网资源，拓宽体操教学资源，通过视频或音频加强对体操比赛欣赏与动作技术分析的教学。

（五）合理设计体操课程结构

在体操课程教学中，要落实人文教育教学理念，以教师为主导、学生为主体，教师对学生要引导而不是灌输，要充分尊重学生的主体性，从课程或项目的选择到具体展开，要给学生自主活动的空间，使学生主动参与；要落实人性化的教育教学理念，提倡师生之间、生生之间的多边互动，建立和谐的师生关系和教学关系；要根据具体育教育教学内容和学生的个性及体质特点，因材施教，分层递进，逐步深化。具体说来，体操课程人文教育要以学生为切入点，以体育教育专业学生为主体设计体操课程结构。[①]

（六）加强体操教学内容与方法的改革

当前体操教学内容一般包括理论、实践和能力三部分内容，即体操运动概述，技术理论分析以及组织教学、竞赛和裁判工作等。这些内容主观上和客观上都对学生人文素质的培养缺乏主动性，因此在大力提倡素质教育的今天应该对体操的教学内容进行改革，具体可从以下几方面着手。

首先，调整技能教学和理论教学的比例，不能只重视技能而忽视理论的学习，而理论知识应包括有助于学生从事终身体育的知识和社会需要的知识，

其次，要把理论教育同技术教育有机结合，将体操运动的文化内涵贯穿到日常的教学中。

教学方法是人文素质教育的具体手段。目前各高校体操教学仍旧采用传统教学方法，如语言法、示范法、练习法、预防纠正错误动作法与竞赛法等，机械地套用了前苏联教育学家凯洛夫的“感知—理解—巩固—运用”的模式和技能形成过程中“泛化—分化—自动化”的生理学原理，忽略甚至抹煞了教育中的人文素质教育和学生主体地位及个体差异等，因此必须改革现行的教学

① 付丹．体育教育专业体操课程的人文价值及其实现途径探讨[D].湖南师范大学，2015.

方法,体现"以人为本"促进学生人文素质的培养。

(1)采用互补式教学法,把技能好与技能差的学生结成小组,在教学训练中帮带协助共同提高,并增强双方的沟通能力和协作意识。

(2)诱导式教学法,针对某个技术动作启发学生思维,想象各种动作之间的联系和迁移作用,能够举一反三。

体操教学内容是人文素质的载体,教学方法是实施人文素质教育的手段,两者完美的结合才能使学生人文素质的教育真正实现。

第三节　篮球教学对大学生人文素质的培养

人文素质的形成在很大程度上有赖于后天的教育。因此,在学校教育中,人文素质教育越来越受到重视。以篮球教学为例,篮球教学中通过对篮球知识的传授使篮球的感性教育作用与解放心灵的功能作为打开人类人文教育的通道的工具,把篮球对人情感、意志的教育作用作为人文知识化为人文素质的一个重要途径。

一、篮球教学中人文素质的体现

(一)篮球教学体现以人为本、讲求人性及人格的特点

在篮球教学中,不仅存在着技能的锻炼,同时还有关于学生人格的修炼。在篮球运动中,充满着竞争和对抗,这可以说是现代篮球运动最为明显的特点。在学校篮球教学中,这些东西也是不可回避的。在篮球场上,顽强坚韧、思维理智值得肯定,而作风不硬、自信不足、俱怕对手被否定,这就有利于学生自立、自强、自信的新型人格的形成,同时在篮球教学中还要尊重学生的意见,在传授技术时鼓励他们思考,鼓励他们在学好基本技术的基础上

形成自己的技术风格。[①]通过篮球教学,学生能很好地培养自己的个性,提高自己的运动技能,同时培养良好的文化素养。

(二)加强大学生对文化和跨文化的感知意识

篮球不仅是一种运动,还是一种文化,而文化对人行为的影响是潜在的,潜移默化的,正如球员的技术风格也体现出他们自己的文化特征,像 NBA 中享有“小皇帝”之称的詹姆斯体现的是美国的个人进取和霸气;姚明体现的是中国式谦和的儒家精神;诺维斯基体现的是德国人的坚韧和顽强。在篮球教学中,我们要突出对篮球文化的理解,增强对一种新文化的感知意识,通过教学对不同篮球文化的渲染,加深学生的理解,使学生明白美国球员的张扬个性和中国球员的内敛是两个民族文化的表象。在这样的篮球教学中,学生能形成正确的世界观和人生观,能有效提高自身的人文素养。

(三)增强学生的集体主义精神,养成遵守法纪的习惯

篮球运动充满了竞争,也充满了合作,要想获得理想的比赛成绩,没有团队合作意识是难以做到的。因此,在篮球教学中,提高学生的配合意识是十分重要的。如在篮球实践教学中,要求学生尽可能将球传给处于较好位置的同伴、相信同伴、激励同伴;要想自己有进攻机会,先要为同伴创造机会(掩护、策应、助攻),这样更有利于塑造一个团结的集体。篮球比赛其实也是一种交流过程,自己的表现有一部分是依赖于对手的发挥,通过篮球“语言”会使许多素不相识的人瞬间成为朋友,这样便有利于培养学生尊敬裁判、尊重对手、尊重观众的体育道德。同时,篮球比赛还是在同一规则约束下的竞技,超越了这个规则,就要受到惩罚,要根据规则来约束学生的行为,养成遵守规则的意识和习惯。这对于学生将来毕业走向社会后都有重要的帮助。

① 马杰.刍议篮球教学中的人文素质体现[J].运动,2010(04):98+37.

（四）完善学生的知、情、意的发展，培养学生的人文精神

（1）现在篮球的科学研究呈现出与多学科相交叉的发展趋势，研究领域不断扩展，具有完善的理论体系，通过篮球的学习可以有效提高学生的知识和认知能力。

（2）篮球运动富于趣味性和观赏性。运动员娴熟地运球、巧妙地传球、准确地投篮、机智地抢断、优美地扣篮和出奇地封盖，再加上攻守交错、对抗变换，充分体现了健康之美、力量之美和智慧之美，使学生对美有了更深一步地理解。在篮球教学中，要引导学生树立正确的审美观，塑造健全的审美心理结构，让学生在学习过程中去发现美、体会美、享受美。

篮球比赛异常激烈，学生在观看篮球比赛的时候会受到熏陶，能获得强烈的情感体验。在篮球教学中，要提高学生的情感追求，促使他们由过去的追求成绩和结果，逐步转向追求“表演艺术”，淡化竞技结果，而更多地注重过程，逐步提高学生的审美能力及精神品质。

二、当前篮球教学中人文素质教育缺失的原因

（一）没有养成良好的审美情趣

体育运动中蕴含着丰富的美，日本千叶大学小林信次教授把体育活动中美的表现形式归纳为三个方面内容：第一，身体角度，有肉体美、线条美、匀称美、姿势美、健康美、肤色美等；第二，行为方面，有协调美、团结美、道德美、忍耐美、热情美、纯朴美、勇敢美等；第三，运动方面，有形态美、跃动美、韵律美、敏捷美、刚健美、柔软美等。大部分高校篮球运动员对篮球运动的了解是“只缘身在此山中”，而不知其“庐山真面目”，就像大部分北京市民并没有爬过长城、去过天安门，大部分济南当地居民对游览“大明湖”并不“感冒”，美好的东西其实就在你我身边，只是我们缺乏

发现的“眼睛”,他们只片面地追求自身“技能”的学习与提高,忽略了“无形”的内涵沉淀,据了解他们对学校组织的文化活动不太感兴趣,表示没有“多余功夫”,但却更热衷于流行歌曲、网络视频和校外娱乐生活等,至于自身人文知识的积累与人文素养的沉淀问题,大部分人表示还没想过或觉得与自身关系不大,表示更喜爱流行先锋类的前卫事物,致使有相当一部分人的心理状态、审美境界、意志程度、人生态度不相匹配与于他们所具备的专业知识水平,制约和束缚着他们向高层次发展。

杨叔子院士认为“人文艺术教育对人的影响也许要到许多年后才看出它的重要,但它对人的价值观、道德观、想象力、创新能力以及面对成功与失败的态度,有着潜移默化的影响,它决定着一个人的后劲儿”。如果运动员自己认识不到体育之美,不认为参与体育会给他们美的体验和精神上的愉悦,那么他只会机械地参与,更不可能给欣赏体育的人带来美感。他们在欣赏美、表现美、创造美的问题上缺乏一种恰当的途径,对专业素质提高和今后发展都无益处。

(二)欠缺必要的人文知识

目前,在我国学校篮球教学方面,人文素质教育比较欠缺,这是普遍存在的一个事实。总的来说,学生的知识面比较狭窄,文化知识不够,文化层次与学历不相符,尤其是文学、文艺学、社会学等方面的修养欠缺。学校高水平篮球运动员除了运动训练外,学习时间通常不足,学习时间不足的原因除了与训练比赛任务多有关以外,还与运动强度过大有着密切关系。在连续大强度训练比赛的压力下,运动员的体能得不到及时的恢复,因此,他们需耗费大量的时间用于消除疲劳。这就导致大部分篮球毕业生觉得在大学阶段专业技能的学习较为扎实系统,而人文知识,如文学、美学,尤其是个人文化素质等方面的学习明显跟不上普通文化生和学校的节奏,知识面过于单调,因而他们毕业后感到难以适应专业性较强的工作。同时，由于文化素养不够，底蕴不足，他们毕业后进行工作时，往往难以给用人单位提供较有建设性的意见、对单位的发展作出较突出贡献。

（三）欠缺良好的哲学思维

哲学具有一种无形的“牵引力”，它能使人以一种思维迁移引导着工作与学习技能，但是通常由于缺乏实际考核标准，并且无法量化评估其产生的效益，所以它被“模糊化”为一种可有可无的能力与素质。在学校教育中，学生的这种哲学思维能力普遍受到忽视。

在学校体育教育的影响下，高水平篮球运动员或者普通学生通常对哲学、政治、历史等人文课程敬而远之，几乎毫无兴趣，他们基本上不会学习这方面的知识，也更谈不上进行与之相关的锻炼，这就导致他们普遍不关注时事，缺乏逻辑思维、辩证分析、科学判断等能力。因此，在学校教育中加强学生这方面的教育势在必行。

（四）道德观念意识不够

随着现代社会的不断发展，人们思想活动的独立性、选择性等日益增强，这有利于大学生树立自强意识、创新意识、创业意识，但与此同时也带来了一些负面影响。这里以学校高水平篮球运动员为例进行分析。

第一，道德信仰危机。生活在社会转型时期的高水平篮球队员，面临双重的价值标准问题，出现道德选择的两难困境，如随着社会的发展，在名利的追逐中，他们不清楚究竟是应该为坚守一些道德原则而放弃功成名就的捷径，是视情况、视获利的多寡而决定原则放弃的程度。

第二，学校对篮球运动员或普通学生的德育工作不够重视，有许多高校没有重视德育工作，没有把德育工作提到议事日程上来,没有列入工作计划中,使得对德育工作资金投入力度不够,对德育教师的师资队伍建设不够完善。

三、篮球教学中培养大学生人文素质的对策

(一)与时俱进,不断更新篮球教育理念

篮球运动发展历程中有丰富文化内涵,同时具备竞技属性和娱乐属性。篮球运动并不是一项单纯的体育运动项目,传授运动技能并不是篮球运动教学的主要内容。在篮球教学过程中,篮球运动属于文化载体,教师的理想寄托在篮球运动中。为对篮球运动发展产生积极影响,促使篮球运动渗透在广大群众生活的方方面面,必须大范围传播篮球文化,如此方可促使人们更加深入地认识篮球运动,进而有效激发人们对篮球运动的喜爱程度。

有关实践活动的开展过程中,往往也会传播相应的认知与文化,进而使不同种类的文化信息实现交流、共享以及重组。篮球文化传播,是指人们对篮球运动的认知的传播,同时让其他人在该基础上产生自己的认识。在当前信息快速发展的社会,文化传播与文化交流已经破除了时间限制与空间限制。然而,在很长时间内,我国篮球教学主要偏重于传授学生技术与技能,在培养学生篮球文化方面没有给予应有的重视。针对这种情况,教师在篮球教学过程中应树立文化传播理念,推动学生逐步形成奋发向上、勇于创新的精神。具体来说,就是在篮球教学过程中要坚持篮球文化素质培养与发展的理念。

(二)以学生为本,加强学生的人文素质教育

尊重学生个体作为坚持以学生为本的办学思想的根本,满足不同层次学生发展的需要,学校、教师的利益服从于学生利益。在市场经济条件下,不能因为一味追求提高学校的规模与效益而

办学，不能因为现在有什么教师就开设什么课，而要根据学生发展的需要开课，“以人为本”的思想在高校中的体现就是“以学生为本”，受教育者有权利享受来自学校的信任、尊重和爱护，“以学生为本”要求学校工作坚定不移地贯彻“一切为了学生，为了一切学生，为了学生的一切”的教育理念，人文素质教育和人文素养的提高要从学生在社会生活、专业学习的实际需要出发。

拿出篮球运动单独分析，其本身的技战术、竞赛规则、硬件设施等并无人文素质可言，但是“人”的参与却为篮球运动注入活力和血液，它成长于人与社会的发展的历史进程中，人类文明的前进使其壮大。篮球的发明者施密斯博士向我们展示了他的智慧，展示了他追求幸福快乐的精神。篮球运动的发明归根到底是服务于人的发展，我们不能为了发展篮球运动而盲目地制造像机器人一样被输入了预先设定好的程序的机械“篮球”人才，育人放在首位才是硬道理。①

加强人文素质教育提高高校高水平篮球队员的人文素养，可以体现以人为本的教育理念，突出对学生的人文关怀，挖掘学生的潜能，在营造积极、偷悦、轻松、和谐的人文学习氛围中，学生是有情感和需要的“人”，而不是知识的“容器”和考试的“机器”以及教育者教育意志的简单体现。高校需通过人文素质教育培养高校高水平篮球队员的优秀思想品德、良好行为习惯、健康人格、坚强意志、科学的学习方法、为人处世的良好动机等，培养学生具备自主学习、不断自我完善的能力，并通过良好校园环境的熏陶、学生社团有益活动的锤炼等人文素质教育活动，培养新时代既具深厚专业技能功底，又具广阔的人文知识视野，同时拥有良好社会公德与责任感的体育人才，用学校这支教育“之笔”，在学生这张“白纸”上，描绘出绚烂夺目的人生色彩，帮助他们实现由自然人向社会人角色的转变。

① 迟晓明.加强普通高校高水平篮球队员人文素养的必要性研究[D].山东师范大学，2011.

（三）强化人文氛围，提高学生体育品质

在篮球教学过程中，一定要让学生明确认识到篮球运动是集竞技性、娱乐性、商业性、观赏性于一身的运动。与此同时，要让学生明确认识到篮球运动是在集体防守和进攻配合中通过独特手段来达到人际交流的目的，其彰显了团队和群体具备的凝聚力，这属于篮球运动拥有的文化内涵。同时，高校应引导学生运用不同手段来深入理解篮球运动以及篮球文化，促使自身对各种篮球运动赛事产生兴趣，在观赏篮球运动赛事的过程中，学会享受高水平篮球运动员的超常表现带来的快乐，由此产生参与篮球运动的动机。和传统教学中为看球而看球不同的是，以培养大学生人文素质和专业素养为目的的篮球教学需要教师有效启发学生，引导学生逐步由看球过渡到“品”球，原因在于“品”球比看球更加深入，学生在“品”球的过程中能够体会到很多不同的人生价值，从而逐渐过渡到“悟”球。当学生对篮球运动人文性的理解越来越深入时，学生自身的体育品质也会随之提高。

参考文献

[1] 包娅,刘洋 . 高校体育文化教育研究 [M]. 北京：中国纺织出版社,2018.

[2] 杨小明 . 体以载德 体育教学中的道德教育融入 [M]. 上海：上海大学出版社,2018.

[3] 袁莉萍 . 中国高校体育教育研究 [M]. 武汉：湖北科学技术出版社,2013.

[4] 董一凡,牟少华 . 高校体育教育研究 [M]. 昆明：云南大学出版社,2010.

[5] 李姗姗 . 现代教育思想在高校体育教学中的应用研究 [M]. 成都：四川大学出版社,2014.

[6] 甘海霞,陈玉敏,徐妍华 . 大学生体育教育 [M]. 北京：北京邮电大学出版社,2015.

[7] 王永盛,刘喜友,王超 . 大学体育教育教程 [M]. 天津：南开大学出版社,2014.

[8] 张松奎 . 体育教育学 [M]. 徐州：中国矿业大学出版社,2013.

[9] 范牡丹,陈学东 . 教师教育与体育教育研究 [M]. 咸阳：西北农林科技大学出版社,2014.

[10] 蒋立兵 . 现代体育教育技术 [M]. 武汉：中国地质大学出版社,2012.

[11] 程明吉,解煜 . 大学体育教育理论知识与运动实践研究 [M]. 长春：吉林大学出版社,2017.

[12] 潘宏波,李广,赵玲华 . 大学体育教育 [M]. 北京：北京理

工大学出版社,2015.

[13] 郭磊 . 体育教育的新视野 [M]. 长春：吉林大学出版社，2015.

[14] 邵斌 . 新媒体时代大学生人文素质教育体系的重构 [J]. 安徽文学(下半月),2018(10).

[15] 李启旗 . 论高校体育教学中增加人文素质教育的必要性与方式 [J]. 内蒙古财经大学学报,2018,16(05).

[16] 赵艳丽,刘晓娟 . 高校大学生人文素质教育的现状与对策 [J]. 金融理论与教学,2016(03).

[17] 谭惠聚 . 高校人文素质教育的现状分析与思考 [J]. 吉林化工学院学报,2008,25(06).

[18] 盛常青,李红艳 . 高校人文素质教育的现状及对策研究 [J]. 文学界(理论版),2010(11).

[19] 赵美林,武端理 . 高校人文素质教育现状研究 [J]. 科技视界,2014(34).

[20] 黄益苏 . 大学体育人文素质教程 [M]. 北京：高等教育出版社,2007.

[21] 裴婉 . 健美操文化及其价值研究 [J]. 当代体育科技，2017,7(28).

[22] 刘博,赵伟 . 足球运动的文化内涵和现象 [J]. 体育世界(学术版),2007(04).

[23] 张丽荣等 . 体育教学的价值回归探索 [M]. 北京：中国纺织出版社,2017.

[24] 童宇飞 . 高校体育教学中学生人文精神培养之研究 [D]. 西南大学,2013.

[25] 蒋菠 . 竞技走向健美：大学体育人文精神重塑 [D]. 西南大学,2012.

[26] 王禹霖 . 吉林省体育院校学生人文素质现状调查研究 [D]. 延边大学,2013.

[27] 王树宁 . 北京体育大学学生人文素质教育研究 [D]. 北京

体育大学,2012.

[28] 徐伟 . 大学体育人文教育理论与实践研究 [D]. 北京体育大学,2013.

[29] 何独明 . 大学校园文化概论 [M]. 成都：西南交通大学出版社,2010.

[30] 谢佳 . 人文思想理念融入高校体育教学中的路径方法研究 [D]. 东北师范大学,2011.

[31] 包春峰 . 构建与科学、人文、健康教育相融合的高校体育教学模式 [D]. 天津大学,2007.

[32] 邵伟德 . 体育教学模式论 [M]. 北京：北京体育大学出版社,2005.

[33] 路俊艳 . "结构—定向"体育教学模式的构建与运用研究 [J]. 河北体育学院学报,2010（02）.

[34] 徐德刚 . 市场经济条件下高校体育教师人文素养调查研究 [D]. 南京师范大学,2007.

[35] 刘振兴 . 普通高校公共体育篮球课人文化教学模式构建的可行性研究 [D]. 沈阳师范大学,2015.

[36] 周银 . 山西省高校体育院系体操教学中对学生体育人文精神培养的研究 [D]. 北京体育大学,2012.

[37] 葛柳 . 高校健美操教学中渗透人文素质教育的研究 [D]. 湖南师范大学,2012.

[38] 黄兆媛 . 体育人文观的演变与发展研究 [M]. 长春：东北师范大学出版社,2011.

[39] 覃刚 . 近代以来中国学校体育教育人文性的缺失与重构 [M]. 武汉：华中师范大学出版社,2015.

[40] 童昭岗等 . 人文体育 体育演绎的文化 [M]. 北京：中国海关出版社,2002.

[41] 冯霞 . 人学视野中的人文体育观研究 [M]. 北京：北京体育大学出版社,2008.

[42] 吴小英 . 大学人文素质教育新论 [M]. 杭州：浙江大学出

版社,2012.

[43] 叶美兰,薛浩 . 慧心美育 应用型本科高校人文素质教育的本原价值 [M]. 南京：南京大学出版社,2017.

[44] 丰坤武 . 人文素质教育读本 [M]. 南京：南京大学出版社,2009.

[45] 马明华,涂争鸣 . 高校人文素质教育论 [M]. 广州：华南理工大学出版社,2010.